JN085338

税理士試験「独学×家勉」で合格する方法Q&A

税理士
西﨑恵理
Eri Nishizaki

中央経済社

はじめに

まずは，この本を手に取っていただき，本当にありがとうございます。貴方はどのような状況の方でしょうか。予備校に通っているのになかなか合格できない？　コロナ禍で勉強が思うようにできずに困っている？　子供を育てながら資格取得を目指したいけど不安？　いろいろな状況の方がいるかと思います。

はじめにこれだけはお伝えしておきたいのですが，私は決して恵まれた環境の中でずっと勉強をしてこられたわけではありません。小学生の頃には高学年になると塾に通う友人も多い中，私の家は塾に通えるほどの経済的な余裕はなく，一度も塾や予備校に通うことなく，大学まで進学しました。また，そもそも田舎だったので，通える範囲に大手の塾・予備校や私立の進学校といったものがありませんでした。

そのため，ずっと公立学校で小中高と過ごしてきて，大学も国立大学を目指しました。私立大学に比べると学費が抑えられるとはいえ，それでも多額の奨学金を借りて，かつ県外へ出たので，高校の時から借りていた奨学金の返済を考えると，卒業後に大学院へ進学することも，また資格取得のために勉強に専念することも，とてもではありませんができませんでした。

そんな私が勉強をしてきたのは専ら「家」です。学生の頃は図書館で勉強したこともありましたが，家で勉強する分には移動することも，重い荷物を持っていくこともありません。服装も飲食も自由です。何よりもタダ！　タダに勝るものはありません。

そして，私は勉強することが基本的には好きです。なぜなら，運動や芸術はある程度の才能や身体的能力がものをいう世界ですが，勉強はやればやるだけ確実に点数という形で結果に表れます。そして，同じ指標のもとで誰もが平等に評価されるので，その中で自分でも頑張れば「100点を取れる！」「１番になれる！」「合格できる！」という，わかりやすい結果が得られたことは，純粋に嬉しかったのです。

この原稿を書いている現在は新型コロナウィルスの世界的蔓延により，外出にはマスク着用，ソーシャルディスタンスと，外での生活に何かと気を遣わなければならないようになってしまいました。

それなら，早速，今から，家で勉強をしませんか？　最初は10分で挫折してしまうかもしれませんが，やり方次第で面白く感じることができれば，どんどん自ら進んで勉強したくなるはずです。

私は「独学では不可能だ」と言われ続けている税理士試験において，子育てと仕事を両立しながら，家での独学による勉強を７年間続けて合格に至りました。試験対策では市販教材のみを使用し，簿記論・財務諸表論・法人税法・消費税法・相続税法にすべて独学で合格しています。もちろん，何度も辛い気持ちになったことはありますが，「やめたい」と思ったことは一度もありませんでした。

家で空いた時間を見つけて勉強をする分にはそれほど負担を感じませんでしたし，家族への罪悪感もなかったからだと思います。それでも勉強方法については常に試行錯誤を繰り返し，「合格したい」という強い気持ちだけはずっと持ち続けていました。

ここで「独学」という言葉を使いましたが，実は，私は自分が「独学」で税理士試験に受かったとは思っていません。独学という言葉をWikipediaで調べてみると，「学ぶにあたって，先達者の指導を仰ぐことなく独力で目標をたてて習熟しようとする学習方法，能力開発の方法である。」とあります。

本文でもお話ししますが，私が勉強のために購入した書籍は，すべて予備校の発行したテキストや問題集です。そこには，税理士試験を長年にわたって研究してきた先達者の知恵や知識が存分に詰まっています。私はその知恵や知識をいかに吸収して，最終目標である「問題を解く」ことにどうつなげるか，ということだけを考えて勉強してきました。

この経験をもとに，私がこの本で伝えられるのは，内容理解とアウトプットにつなげるためのプロセス，そして子育てや仕事と両立しながら長丁場の勉強を続けるための意識の持ち方ぐらいです。ですので，皆さんに税理士試験を独学で受験することをおすすめするような内容では全くありません。ただ，「市販の教材を使って１人で勉強した」という意味で，本書では便宜上「独学」という言葉を用いてお話ししています。

今回，執筆のお話をいただいた時にも，ただ自分の合格までの体験談をつらつらと綴ったのでは読んでいただく方には全く響かないだろうという確信がありました。そこで，Q&A方式という形をとり，どこか１か所でも皆さんの勉強のヒントになることが書ければと思い至りました。

とりあえず目次をご覧になって，興味のあるところだけ読んでみてください。「家」での勉強時間が増えている現在，これから税理士試験を目指す方や今まさに独学をされている受験生はもちろん，専門学校を利用している受験生にとっても，１つでも多くのヒントが見つかれば幸いです。

このような素晴らしい機会を与えていただいた中央経済社の皆様，中央経済社との接点を作っていただいた受験ブログ仲間で今では同じ税理士のYU ME NO U E様，そして，７年もの間税理士試験受験生活を応援してくれた家族に心から感謝いたします。

税理士

西﨑恵理

私の受験年表

	2011(H23)		2012(H24)			2013(H25)			2014(H26)			2015(H27)		
受験のこと	2月 日商簿記3級受験・合格	11月 日商簿記2級受験・合格	3月 簿記論勉強スタート	6月 長女出産のため一旦休み	11月 簿記論勉強再開	8月 **本試験(簿記論)**	9月 財務諸表論勉強スタート	12月 **合格発表(合格)**	8月 **本試験(財務諸表論)**	9月 法人税法勉強スタート	12月 **合格発表(合格)**	8月 **本試験(法人税法)**	9月 消費税法勉強スタート	12月 **合格発表(A判定不合格)**
仕事のこと	不動産屋にてアルバイト	11月 会計事務所に未経験で就職(9～17時勤務)		7月 退職		8月 同じ会計事務所に再就職(時短勤務)								
育児のこと				8月 長女出産		8月 長女保育園入園								

2016(H28)

4月 長男出産のため一旦休み
5月 消費税法勉強再開
8月 **本試験(消費税法)**
9月 法人税法勉強スタート
10月 ブログ開設
12月 **合格発表(A判定不合格)**

2017(H29)

1月 法人税法・消費税法2科目同時に勉強
8月 **本試験(法人税法・消費税法)**
9月 相続税法勉強スタート
12月 **合格発表(2科目合格)**

2018(H30)

8月 **本試験(相続税法)**
9月 所得税法勉強スタート
12月 **合格発表(50点不合格)**

2019(R1)

1月 相続税法勉強再開
8月 **本試験(相続税法)**
12月 **合格発表(官報合格)**

3月 産休・育休取得

4月 職場復帰(時短・週2で半休取得)

4月 (週1で半休取得)

4月 通常の時短勤務に戻る

4月 長男出産
長女年少クラス進級

4月 長男保育園入園
長女週2療育開始

4月 長女週1療育

4月 長女小学校入学

目　次

はじめに　・1
私の受験年表　・4

第１章　「独学で税理士試験」を目指した理由

Q　税理士を目指したきっかけは？　・10
Q　簿記検定などは持っていた？　・12
Q　予備校に通おうとは思わなかった？　・14
Q　５科目すべて独学を選んだのはなぜ？　・16
Q　科目選択はどう決めた？　・18
Q　合格まで何年計画だった？　・20
Q　税理士試験に対するイメージは？　・22

第２章　「家勉」を上手に続ける秘訣

Q　仕事や家事・育児をしながらいつ勉強していた？　・24
Q　朝勉と夜勉どっちがオススメ？　・26
Q　スキマ時間はどう使っていた？　・28
Q　家で勉強に集中できる？　・30
Q　集中できない時はどうしていた？　・32
Q　家族の協力はあった？　・34
Q　家事はいつしていた？　・36
Q　外で勉強はしなかった？　・37
Q　他の受験生の存在は気にならなかった？　・38

第３章　「教材選び」と「内容理解」が独学最大の難関

Q　教材は何をどうやって揃えた？　・42
Q　テキストを読む時のコツは？　・44
Q　テキストの内容はすぐに理解できた？　・46
Q　ノートをまとめる時のコツは？　・48
Q　問題集は何を使った？　・50
Q　問題集を選ぶポイントは？　・52

Q　誰かに質問したい時の対処法は？　・53
Q　テキスト・問題集の他に利用したものは？　・54
Column　愛用の電卓は？　・56
第４章　簿記論・財務諸表論の一発合格から税法科目への挑戦
Q　簿記論・財務諸表論はどのように勉強した？　・60
Q　簿記論・財務諸表論の次に法人税法を選んだのはなぜ？　・62
Q　どういうスケジュールで勉強した？　・64
Q　学習のペース配分に不安はなかった？　・66
Q　法人税法１年目はどのように勉強した？　・67
Q　法律を学ぶことに抵抗はなかった？　・68
Q　独学で法律の条文は理解できる？　・70
Q　学習途中の実力レベルチェックはどうしていた？　・72
Q　自己採点ではどこに着目していた？　・74
Q　法人税法の不合格を確信していながら，消費税法を勉強し始めたのはなぜ？　・76
Column　試験会場に持って行ったモノは？　・78
第５章　法人税法･消費税法の２年連続不合格から２科目同時合格へ
Q　２年連続で税法科目が不合格だった時の心境は？　・82
Q　不合格の敗因分析は？　・84
Q　やっぱり予備校や大学院に行こうとは思わなかった？　・85
Q　税法２科目同時受験に抵抗はなかった？　・86
Q　法人税法の理論はどのように暗記した？　・88
Q　法人税法の計算問題を解くコツは？　・90
Q　法人税法の改正点はどのようにフォローした？　・92
Q　消費税法の理論はどのように暗記した？　・94
Q　消費税法の計算問題を解くコツは？　・96
Q　消費税法の改正点はどのようにフォローした？　・98
Q　税法２科目同時学習で意識したことは？　・99
Q　２年目ならではの勉強のコツは？　・100

Column　使っていたボールペンは何？　・102
第６章　いよいよラスト科目！　相続税法２回受験で官報合格を達成!!
Q　ラスト１科目に相続税法を選んだのはなぜ？　・106
Q　相続税法の１年目はどのように勉強した？　・108
Q　相続税法の個別理論はどのように暗記した？　・110
Q　相続税法の総合理論はどのように暗記した？　・112
Q　相続税法の計算問題を解くコツは？　・114
Q　計算用紙はどのように使っていた？　・116
Q　「間違いノート」は作った？　・118
Q　相続税法の改正点はどのようにフォローした？　・120
Column　試験時間の配分は？　理論から解いていた？　・121
第７章　独学とライフ＆ワーク
Q　仕事を辞めて受験に専念することは考えなかった？　・124
Q　働きながらの受験で職場を選ぶ基準は？　・126
Q　子育てしながら勉強する気になれる？　・128
Q　独学で受験勉強にかかったお金は？　・129
Q　試験の直前はどのように過ごしていた？　・130
Q　受験生の時にブログを始めたきっかけは？　・132
Q　ブログを始めてよかったことは？　・134
Q　モチベーションの維持や息抜きの方法は？　・135
Q　受験をやめようと思ったことはある？　・136
Q　税理士になる前となった後で仕事内容や責任は変わった？　・137
第８章　税理士試験を振り返って
Q　「独学・家勉」に向き・不向きはある？　・140
Q　７年の受験生活は長かった？　短かった？　・142
Q　受験科目以外の税法はどのように勉強した？　・144
Q　官報合格した今，やっぱり独学で挑戦してよかった？　・146
あとがき　・148

第1章

「独学で税理士試験」を目指した理由

Q 税理士を目指したきっかけは？

A 弁護士を夢見ていた大学時代，インターンシップでたまたま訪れた法律事務所で税法や税理士と出会い，「法律とお金の専門家」である税理士に興味を持ちました。

超安定志向だった子供の頃

私が小さかった頃はまだまだ専業主婦家庭も多い時代でしたが，私自身は，小学校を卒業する頃には「将来はバリバリ働いて稼ごう」と考えていました。それは，父が転職を繰り返していたり，借金を負ったりして母が苦労していたのを見て，「私は自分で働いて稼いだお金で生きていこう！」と誓ったからです。

中学生の時には神社の絵馬に**「公務員になりたい」**と書くほどに超安定志向の子供でしたが，その後，「どうせ働くなら困っている人の役に立って感謝されるような仕事をしたい」という気持ちが芽生えました。そして，**弁護士**を目指し，奨学金を借りて県外の大学の法学部へ進学しました。

パラリーガルという選択肢

転機が訪れたのは大学２年の時。インターンシップでたまたま訪れた法律事務所は独特な雰囲気の事務所で，**パラリーガル**と呼ばれる法律補助職の方が活躍していたことや，行政訴訟（特に税務訴訟）に力を入れていたことに衝撃を受けました。その事務所にインターン後もアルバイトとして通い続けていましたが，私が卒業後の進路を考える時期はちょうど司法試験の転換期にあたり，弁護士を目指す同級生たちはロースクール（法科大学院）へ進学すべく，その受験に向けて予備校へ通い始めていました。

私はというと，弁護士になるまでの年数や，それによる奨学金返済の遅延など，**ロースクールへ通うことのデメリットが大きい**こと，一方で，弁護士資格がなくても**パラリーガルとして知識を生かした仕事ができる**ことなどを考えて，進学も一般企業への就職もせず，パラリーガルとしてその法律事務所でそのまま働くことにしました。ちなみにこの頃には，弁護士が激増する未来を想定し，弁護士自体にあまり魅力を感じなくなっていました。

私が勤めていた頃，その事務所は相続税連帯納付義務違憲訴訟（相続税法に定める連帯納付義務の規定が憲法に違反し無効であるとする訴訟）に関わっていて，事務所には勉強会などで多くの税理士が訪れていました。

当時の私は税理士と公認会計士の違いすらわからず，経済学部出身の人が取る資格かなぁ，ぐらいにしか考えていませんでした（大学でも税法の授業は興味がなく履修していませんでした）。しかし，実際の税理士に会うことで，**税理士の法律家としての一面を見る**ことができました。

▶税理士資格との出会い

パラリーガルの仕事はとてもやりがいのあるものでしたが，当時結婚を考えていた今の夫が就職のため大阪府から愛知県へ行くことが決まっており，結婚により退職・転居しなければならないことや，結婚後も転勤の可能性や，出産・子育てによる離職・復職などを考えて，やはり何か資格を取りたいなと思うようになりました。

そこで，法律とお金の専門家であり，なおかつ，大企業を相手とする公認会計士ではなく，**中小企業の社長さんや個人の相続などの相談を受ける街の専門家である，税理士という職業**に思い至りました。そして，かつて聞いていた税理士の話から，税理士試験は他の士業の試験とは少し違っていて，**科目合格制度**があるということを思い出し，「今から資格取得を目指すならこれだ！」と思いました。そして，ゆくゆくは税理士試験を受けたいなぁと思いながら，結婚を機に法律事務所を退職し，愛知県へ転居することとなりました。

 簿記検定などは持っていた？

A

会計の分野は全くの素人でした。会計事務所への就職には簿記が必須と知り，結婚後に簿記３級から勉強を始めました。

奨学金返済のため職探し

転居してすぐは結婚式の準備や新生活に慣れることで精いっぱいで，何もすることができませんでした。それでも，入籍から１か月も経たないうちに私が始めたことは**「職探し」**でした。生活費は有難いことに夫の収入で十分でしたが，私は数百万円の奨学金という負債を抱えていたからです。

税理士になるためには実務経験が必要だということは知っていたので，どうせ働くなら会計事務所がいいなぁとは考えましたが，そこで落とし穴が。会計事務所の求人条件にはかなりの確率で「簿記３級（２級）」「会計事務所経験者」という記載があったのです。

簿記３級すら持っておらず，会計事務所の勤務経験もない私が，すんなりと会計事務所に就職できるはずがありません。そこで，最初はパートなどの短時間で働きながら**簿記３級**（できれば２級まで）を取得し，並行して**未経験でも応募可能な会計事務所を探す**ことにしました。

本屋でのテキスト探し

高校までは学校で授業を受け，テスト勉強や受験勉強のみ独学でやっていましたが，資格試験の勉強というのはこの時がはじめてでした。高校・大学受験以外で受けたことがあるのは漢検や英検ぐらいです。

簿記３級を勉強しようとは思ったものの，何をやればよいのか具体的にはわからず，まずは**本屋の資格試験のコーナーに出向きました**。ここで出会ったのがネットスクール出版の独学用テキストでした。

平積みされている各社のテキストを１冊ずつ手に取って流し読みした時に，ネットスクールのものが**一番自分に合っている**と感じたのです。図や絵ばかりでも見辛いし，逆に文章ばかりでも，情報量が多すぎて読む気にはなれません。あえて内容は読まず，**ぱっとページを見て，「読みたいな」と思えたもの**を選びました。

簿記の勉強って楽しい！

簿記の勉強は新鮮でとても楽しいものでした。借方と貸方の合計額が常に同額になることのわかりやすさや，電卓を叩いて最終値を合わせていくということも，もともと国語よりも数学のほうが好きだった私にとっては，**法律の勉強より面白い**と感じました。この頃は子供もいなかったので，夜寝る前に，毎日１時間ほど勉強をしていました。

楽しく勉強をした甲斐もあり，日商簿記３級も２級も１回で合格することができ，時期を同じくして会計事務所への就職も決まりました。仕事を覚えながらまずは税理士試験の簿記論から勉強しよう！　と思っていたのですが，ここで第一子の妊娠が判明しました。せっかく働き始めた会計事務所もわずか半年で退職することとなり，里帰り出産ではありましたがはじめての出産・子育てで，産前産後はもう必死でした（特に産後すぐは授乳がうまくいかず本当に大変だったのですが，話すと長くなるので泣く泣く割愛します）。

産後２か月ほどで自宅に戻り，夫と子供との３人の生活が始まりましたが，昼間は赤ちゃんとずっと２人です。子連れで出かけるのも億劫なため，**家の中でなんとか自分の時間を作れないか**と考えるようになりました。そこで，昼寝の時間を利用して，産前に少しだけ勉強をしていた**簿記論のテキストを再び開くことになった**のです。

Q 予備校に通おうとは思わなかった？

A

どんな試験であってもテキストに書いてあることがすべて。テキストの内容を理解するために予備校に頼ることは１つの選択肢ですが，予備校に通うことが絶対ではないと思います。

塾に通えないからって負けたくない！

もともと私は塾や予備校に通ったことがありません（通信教育を一時期やっていたことがあるぐらいです）。お金がなくて通えなかったわけですが，小学生の頃，塾に通っている子たちが学校で塾の宿題の話で盛り上がっていたり，「塾友達」みたいな輪ができ上がっていたりしているのを見て，正直いって羨ましくてたまりませんでした。

ただ，ひねくれ者だった私は，その嫉妬が負けず嫌いと重なり，**塾に通っている子たちにテストの点で負けたくない**と強く思うようになりました。

とはいえ，特に変わったことをしたわけではありません。授業はちゃんと聞いて，宿題も忘れずにやって，夜はちゃんと寝る。普通のことをしていれば，テストで悪い点を取ることはありませんでした。

テストの問題は教科書から出るのだから，それが当然のことなのですが，「教科書の内容が理解できていればテストは解ける」という当たり前のことに気づけたおかげで，**「塾や予備校に行かなければ受験に対応できない」という先入観を持たずに済んだ**と思っています。

内容理解が第一

税理士試験においても，**「テキストの内容理解」が第一**だと思っていたので，それが自力でできないのであれば予備校へ通うことも考えないといけないなとは思っていました。しかし，幸い，市販で手に入るテキストがあり，その理解により問題を解くこともできました。予備校へ通う選択肢は常にあったものの，それを選択することなく５科目合格したので，**「予備校へ通わず官報合格」という結果になっただけ**なのです。

内容理解の他にも，予備校に通うメリットはいろいろあるかとは思いますが，少なくとも「受験テクニックを教わる」とか「ヤマをはる」といったことのために予備校を頼ることはしないでおこうと決めていました。

テクニックやヤマというのは，内容理解の上で，過去問の傾向や出題者の意図などから「この問題は出そうだ」とか「この問題はこういう解き方をしたほうがよさそうだ」と**自分で気づくべきこと**であって，それを人に頼ってしまうと，**そもそもの「内容理解」が疎かになると思った**からです。

ここまで読んだ方には私がただの予備校嫌いと取られてしまうかもしれませんが，単に，予備校に通わないと取れないような資格はないはずですし，なくて当たり前だと思っているだけです。

もし税理士試験が市販のテキストでは圧倒的に情報不足だったり，予備校でしか教わらないようなことが試験に出るような資格であったりしたら，税理士資格の取得は諦めていたと思います。

Q 5科目すべて独学を選んだのはなぜ？

A

「暗記」も「理解」も最終的には自分の努力により得なければいけないこと。それを続けた結果，予備校に行くことなく合格できたというだけなのです。

▶暗記や理解は自力でするもの

税理士受験生の目的は何でしょうか？　税法科目でいえば，税法の条文を暗記して書けるようになること。そして，計算方法を理解して問題が解けるようになること。この2つですよね。

法学部出身というと，文章を読むのが得意で，法律がスラスラ読めるかのように思われることが多いのですが，私は長ったらしい文章を読むのがとても苦手です。そんな私が法学を学んで気がついたのは，法律というのは国語のごとく文章を読む学問ではないということです。むしろ，数学のように**「公式」**を定めたものであって，その内容を**「理解」**し，問題文の数値を**「あてはめ」**ることにより**結論が出る**ような仕組みになっています。

そして，「公式」は自力で暗記しなければなりませんし，「理解」も自分の努力によって得られるものです。いくら教師や講師に「この問題はこう解く」と教えられても，形式も数値も全く同じ問題が試験に出るわけではないので，暗記も理解もできていない状態では，解き方は全く同じだったとしても，解くことはできません。

結局，「暗記」や「理解」は自分でやるしかないことなので，「独学で税理士試験突破は無理だ」などといっていても，**合格している人は「暗記」や「理解」を自力でしている**わけです。それは「独学をしている」のと何ら変わりはないと思います。

税理士試験において改善して欲しいと思うところは，国税庁が明確な試験内容や解答を公表しておらず，そのために公式といえるようなテキストがないことです。ですが，市販のテキストだけでも（科目は限られていますが）合格できるということは，幸いにも自分自身で実証することができました。さらに，今の時代は便利なもので，書籍の購入も，条文の閲覧も，解説サイトの検索も，インターネットがあれば全部できます。

▶結果的に，予備校に行かずに合格できただけ

とはいえ，私が独学を選んだ直接的な理由は**「時間とお金がなかったから」**です。税理士試験の勉強を始めた頃は，子育てと奨学金の返済が最重要課題だったので，「いくらかかろうと，何年かかろうと絶対に税理士になる！」とは正直思っていませんでした。

独学でテキスト代しかかけていない分には，合格できなくてもあまり損はありませんし，自分や家族の生活を犠牲にしてまで合格しようという気持ちもありませんでした。でも，だからこそ**「税理士になりたい」「合格したい」という前向きな気持ちと，多少の「負けるもんか」の気持ちで，工夫をしながら勉強を続けられた**のかな，と思います。そして，それを続けているうちに，「予備校に行かずに合格した」という結果が得られただけなのです。

繰り返しになりますが，「予備校はダメだ」とか「独学をするべき」とか，そういうことは一切言うつもりはありません。ただ，**「最後はみんな独学により合格している」**ということだけは，確信を持って言いたいと思います。

Q 科目選択はどう決めた？

A

簿記論・財務諸表論の２科目をまずは受験しよう，と思いました。法人税法・消費税法は仕事で必要性を感じて選択。相続税法はどうしてもやりたかったので，最後に受けようと決めていました。

▶興味を持った税法を選ぶ

簿記論・財務諸表論は必須科目なので，まずはその２科目を順番に受けようと思っていました。同時に勉強することが多い２科目ですが，「１年に１科目ずつ」を目標にしていたので，１年目に**簿記論**，簿記論に合格したらその次は**財務諸表論**，というのは自ずと決まりました。

簿記論を受験したのは第一子の出産後で，ちょうど１歳になった日のことでした。その受験後には，幸いにも妊娠退職をした会計事務所で再び仕事に復帰できることになり，復職後，法人の担当を何件か持たせてもらうようになりました。しかし，まだ財務諸表論の勉強中だったので，決算調整や別表の何たるかもわかっておらず，「仕事で必要であれば試験も受ければ一石二鳥！」と考え，財務諸表論に受かったら**法人税法**を受験しようと決めました。

法人税法の受験後に第二子を妊娠し，翌年の春に出産することとなったため，その年は比較的ボリュームが少なく，かつ，やはり仕事に必要となる**消費税法**を受験することにしました。

そして官報合格を目指す最後の１科目は絶対に**相続税法**にしようと，簿記論を勉強する前から決めていました。それは相続税法というのが法律の世界にいた私にとって一番身近な税法であり，何より税理士に興味を持ったきっかけの法律だったからです。

市販教材の制約もあった

このあたりの裏話としては，実はネットスクールの税法のラインナップが法人税法・消費税法・相続税法・国税徴収法の4科目しかなく，独学でやる以上，この他の科目は選べなかったのです。この中に相続税法があったのはラッキーとしか言いようがありません。

なお，所得税法も実務上どうしても勉強しなければいけないので，相続税法を受験した後に，全国経理教育協会の所得税法能力検定を受験することにし，やはり独学で勉強をしました。

科目選択はいろいろ戦略もあるとは思いますが，法人や所得にしろ，いわゆるミニ税法にしろ，楽に合格できる科目なんて存在しません。「独学だからミニ税法にしないと」などと思わず，**「実務に役立てたい」「興味があるからやってみたい」**と思える科目を選択するのが一番だと思います。

実際に使っていたテキスト

Q 合格まで何年計画だった？

A あわよくば１年で１科目ずつ，合計５年で受かりたいな，とは思っていましたが，そう上手くはいかないでしょうから，段階的に目標を決めていました。

ダラダラと続けたくはない

科目合格制度のある試験と聞いて，「５科目合格すればいいのだから，１年で１科目ずつ取っていけば，５年で税理士だ！」と考える方はきっと私だけではないはずです。当然，私も最初はそう考えていました。ただ，育児や仕事をしながらの受験（ましてや独学）では，さすがに無理だろうとは思っていました。

でも，いくら科目合格制度があるとはいえ，ダラダラと勉強を続けることは自分にはできないですし，そうはしたくありません。それは**金銭的に何年も勉強を続けることは無理**だという理由と，それ以上に，**長年受からず後ろ向きな気持ちで無理やり勉強を続けたとして，それを専門とする職業に今後の人生を費やせるものだろうか**，という考えがあったからです。

段階的に目標を決める

そこで，「税理士試験に合格すること」を目標とするのではなく，段階的に目標を定めることにしました。最初の目標は**「簿記論に最低でも２年で合格すること」**，次の目標は**「35歳（試験を受け始めて７年目）までに４科目を取得すること」**です。これが達成できなければ，税理士になることはすっぱり諦めようと決めていました。

これは決して自分にプレッシャーを課すつもりで決めていたわけではありません。むしろ，**ちゃんと逃げ道を確保した状態でいたほうが，精神的**

に楽な状態で勉強できるだろうと思ったのです。

「後戻りできないから，何年かかっても，どんなに辛くても勉強せざるを得ない」という状態で育児や仕事をしながら勉強を続けられるでしょうか。私はそんなにメンタルの強い人間ではありませんし，無理なら無理で，早い段階で別の道を探せるようにしたほうが健全だろう，と考えての目標設定でした。

私が段階的に定めた目標

1　簿記論に最低でも2年で合格する

2　35歳までに4科目を取得する

3　これができなければすっぱり諦める

Q 税理士試験に対するイメージは？

A

仕事をしながら取得する人が多い資格，というイメージでした。司法試験や公認会計士試験より合格率は高いし，科目合格制だし，ワーママでもチャレンジしやすい資格だな，と最初は軽く考えていました。

司法試験や公認会計士試験は大学時代から予備校に通って，卒業後もその勉強だけを何年も続けてようやく合格できる…というイメージでしたが，**税理士試験は科目合格制度もあり，働きながら何年かかけて取得する人が多い**，ということは知っていました。

科目ごとの合格率も，概ね10％強であることはネットの情報で出ていたので，1科目だけを見れば「随分，合格率が高いな！」と単純に思っていました。ただし，簿記論・財務諸表論の上位10％と，税法科目の上位10％とでは，全く質が違うということまではその時の私には考えが及ばず，そのため税法の壁に後々苦しむことになるのですが…。

簿記論の勉強を再開した時は子供がまだ赤ちゃんで仕事もしていなかったので，「仕事をしながら勉強する人がいるのなら子育てをしながらでもできるだろう」とこれまた単純な考えでした。それに，最初に買ったネットスクールの簿記論のテキストが「簿記２級の知識からスタートできる！」という謳い文句だったので，**そこまで難関資格というイメージを持たずに勉強を始められた**のは，私にとってはよかったのだと思います。

税理士試験やその勉強について検索すると，「独学では不可能だ」という情報は嫌でも入ってきました。しかし，テキストが手に入り，かつ，その内容を理解して問題が解ける限りは予備校に通う必要はないと思います。また，生来の負けず嫌いと塾コンプレックスから，**「独学合格の事例を自分が作れたらかっこいいじゃん！」**という気持ちも少しはありました。

第 2 章

「家勉」を上手に続ける秘訣

Q 仕事や家事・育児をしながらいつ勉強していた？

A

基本的には夜，子供が寝てから勉強をしていました。あとは子供の年齢や生活スタイルに合わせて，臨機応変に勉強時間を確保しました。

▶育休中は赤ちゃんと一緒に勉強

第一子が０歳の時や，第二子の出産後に育児休業を取っていた時は仕事をしていなかったので，昼間も勉強時間を確保することができました。といっても，赤ちゃんが常に横にいる状態なので，昼寝をしている間に勉強をして，起きたら中断して，といった具合でした。

眠りが浅い時にはベッドに置くと泣いてしまうので，あぐらの上に赤ちゃんを寝かせて，その状態のまま座卓で勉強をしたりもしていました（足のしびれは辛かったですし，電卓の音で赤ちゃんが起きないかと常にヒヤヒヤしていました…！）。

▶子どもの早寝習慣を確立させる

仕事に復帰した後は，基本的に朝起きてから夜子供が寝るまでは自分の時間が取れないため，「20時半に子供を布団に寝かせる」→「21時（遅くとも21時半）には寝かしつけを終えて部屋から出る」→「その後１～２時間勉強する」という**基本スタイルを維持する**よう努力しました。とにかく子供が寝てくれないことには何もできないので，この**早寝習慣**は何が何でもつけさせるようにしたかったのです。

寝る子は育つというのもありますし，自分自身がよく寝るタイプだったので，仕事をしているから夜早く寝かせてあげられない，ということもしたくありませんでした。そうすると，「20時半」をゴールに逆算して，「20

時に歯磨き」「19時にお風呂」「18時に夕食」と，夕方以降の生活も自ずと時間が決まってきます。

すんなり寝てくれない日も当然ありますが，夫が帰宅していれば寝かしつけを交代してもらったり，時には途中で「ちょっとお母さんトイレ～」なんて言って部屋から出て，そのまま１人で寝てもらったりもしました。布団の上で遊び始めてしまって寝てくれない時には，思い切って１人にすると暇になるのか意外と寝てくれたりしました（うちの子だけかもしれませんが…）。ちなみに，小３と年中になった今でも，子供たちは20時半に布団に入っています。

あくまでも家族が第一

もちろん，夜だけでは勉強が追いつかないので，朝に勉強していた時期もありました。ただ，早起きするよりは夜遅くまで勉強するほうが自分には合っていたので，朝勉は習慣にはできませんでした。

直前期の週末には，早めの夜ご飯を食べた後に子供たちの世話を夫にお願いし，私１人でカフェに行って閉店まで勉強したこともありました。また，上の子は小学校入学前の２年間，週に１～２回，発達支援の教室に通っていたので，その教室の待ち時間を利用して近くにあるスーパーマーケットの休憩スペースで勉強をしました。

私にとって，**仕事や勉強はあくまでも自分の人生を豊かにするためのもの**です。そのために夫や子供たちに我慢をさせることはできる限りしたくありませんでした。ですので，子供たちが起きている間は勉強を優先することはしないようにしようと決めていました。

 朝勉と夜勉どっちがオススメ？

A

睡眠時間は大事なので無理に早起きや夜更かしをする必要はありませんが，あえて言うなら朝は計算，夜は理論を勉強するのが効率的だと思います。

最初は夜1～2時間の勉強から

私は寝ることが大好きです。子供の頃は昼過ぎまで平気で寝ていられましたし，今でも最低6時間は寝ないと頭が痛くなってしまいます。ショートスリーパーだったらもっと活動時間が長くなったのに，と思うこともあります。しかし，よく言われるように，勉強の効果を上げるには睡眠は大切だという実感もあったので，**税理士試験においても睡眠時間は最低限確保しなければならない**と考えていました。

夜の勉強には慣れていたので，税理士試験の勉強を始めてからしばらくは子供が寝てから夜に1～2時間勉強する生活を続けていましたが，子供が途中で起きてきたり泣き出したり，といったことがあると，「子供が起きる前の早朝に勉強したほうが，邪魔が入らずに勉強できるのではないか」と思い，朝勉に切り替えた時期もありました。しかし，早起きに慣れていない自分にとって朝勉はとても辛く，なかなか集中できないし，不思議と子供も早起きになったりしたので，子供が小さいうちは定着しませんでした。

夜だけでは足りず，朝の勉強も始める

受験生活後半になり，子供も朝までぐっすり寝てくれるようになる頃には，**税法の学習で夜の勉強だけでは追いつかない**ようになってきました。この時期には，**朝に計算問題を1時間，夜に理論暗記を1時間**という風に，朝と夜とに分けて勉強をしていました。

１時間程度の早起きならばさほど辛くはなく，ペンを動かしているうちに目が覚めます。また，夜に理論勉強をすることで自分の体調に合わせて勉強時間を調整でき，さらに，暗記をした後に睡眠をとることで記憶の定着がよくなったような気がしました。

睡眠の取り方は人によって違いますが，少なくとも睡眠不足は集中力も効率も下げてしまいます。自分が辛くない，集中できる時間帯に勉強するのが，一番効率的だと思います。

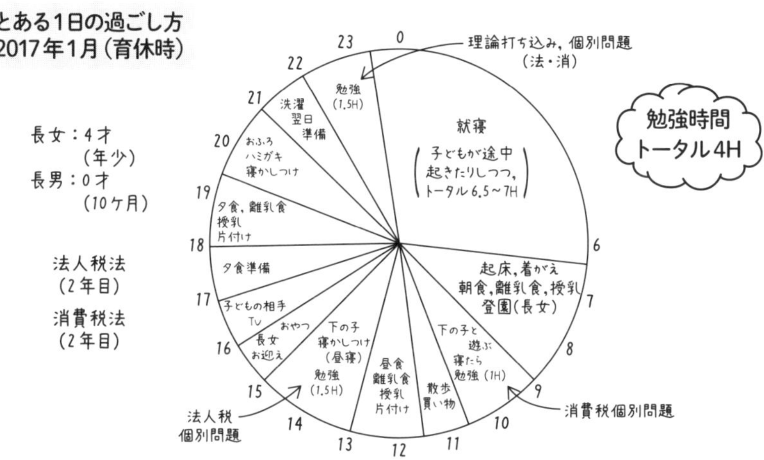

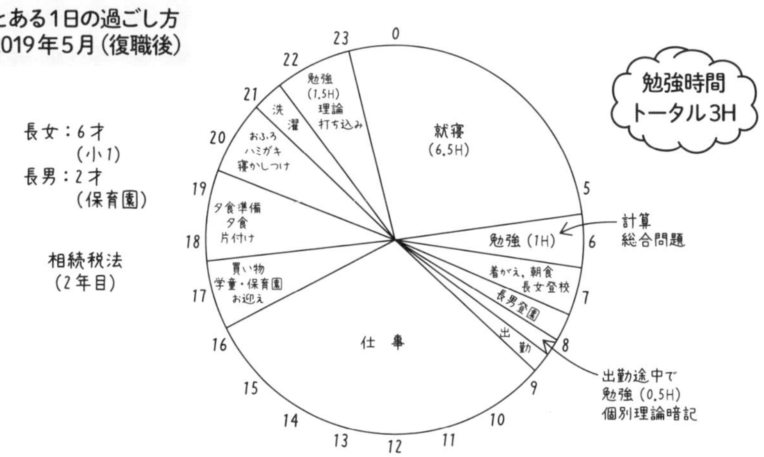

Q スキマ時間はどう使っていた？

A

計算は机に向かわないとできませんが，スマホでできる理論暗記なら少しでも時間があればできます。

タブレットやスマホでスキマ時間も効率アップ

私は税法の試験で３科目いずれも一度は不合格になったのですが，不合格だった年は，理論の勉強法が確立できていなかったのも相まって，**机に向かう勉強ばかり**でした。なおかつ，**その時間のほとんどを計算に費やしてしまった**ことが敗因の１つでした。

計算は机に向かわないとできませんが，理論はそうではありません。また，教科書（理論マスター）を開き，ノートに写し書きをして暗記をしていた頃はスキマ時間をうまく利用できていませんでした。しかし，タブレットやスマホを使った理論対策をするようになって，本当に少しの時間さえあれば勉強はできると実感しました（デジタルを利用した理論学習の詳細については第５，６章で後述）。

スマホde理論暗記

平日の場合，私は保育園の送迎も通勤も車を利用するので，30分早めに家を出て，事務所に行く途中のコンビニの駐車場に車を停め，そのまま車内で**スマホに音声入力**をしていました。

１～２月にその入力作業をしていたので，エンジン音が入らないようエンジンを切り，寒さに耐えながら，また鼻水をすすりながら録音をしていたのを今でも覚えています。入力が済んだら，同じ時間を利用して音声を再生し，自分でも声に出してみたりします。車の中なので，周りを気にせずにできます。

そして夜は，煮込み料理中の台所や，子供を寝かしつける布団の中で，暗記シート化した理論マスターを**スマホで見て暗記**していました。幸い，私がスマホを見ることで子供が寝なかったり，「お母さんスマホばっかり見て！」と怒られたりといったことはありませんでした。

このように**暗記はスキマ時間を無駄にせず行う**ことで，まとまった勉強時間は机に向かわないとできない計算の演習に充てることができました。その結果，税法２科目を勉強していた時期でも限られた勉強時間をうまく使うことができたのではないかな，と思います。

益金の額.wav
日時: 2017/01/10 12:19:55, サイズ: 2.6 MB
特定同族会社の意義.wav
日時: 2017/01/10 12:27:03, サイズ: 3.1 MB
損金の額.wav
日時: 2017/01/10 12:21:46, サイズ: 4.0 MB
寄付金の意義.wav
日時: 2017/01/02 16:13:26, サイズ: 3.8 MB
同族会社の意義.wav
日時: 2017/01/10 12:25:45, サイズ: 3.1 MB
債務確定の判定.wav
日時: 2017/01/10 12:24:32, サイズ: 2.3 MB
交際費等の意義.wav
日時: 2017/01/02 16:17:35, サイズ: 4.6 MB

通勤途中の車内で録音した法人税法理論の音声リスト

Q 家で勉強に集中できる？

A

ほぼ家でしか勉強してこなかったので，慣れというのもありますし，適度に音のある環境のほうが集中しやすいです。また，その中で勉強することによって，本番で緊張してしまっても，集中する訓練になります。

▶「家勉」に慣れていた

塾にも予備校にも行かなかった私は，昔から（学校を除けば）ほぼ家でしか勉強をしたことがないので，家で勉強をすることについて，はじめから全く抵抗はありませんでした。

家で勉強をするとなると，家族の話し声や生活音があちこちから聞こえてきます。最初はそれらの音を消すために，音楽をかけながら勉強をしていました（歌詞が頭に入ってくると気が散るので，洋楽やサントラをよく聴いていました）。それに慣れてくると，逆に静かな環境では集中できないようになってしまって，わざわざ移動時間を使うのも億劫で，図書館などに行くこともあまりありませんでした。

▶いつの間にか集中できる力

税理士試験の勉強においても，育休中は赤ちゃんがいる横で勉強をすることになりますし，夜でもいつ子供が起きだしてくるかわからないので，勉強のことだけを考えることはできません。ですが，この**「他のことを考えながら勉強する」**という経験を積むことで，試験本番の慣れない環境でも緊張に負けない自分が作られたのではないかと思っています。

試験になると緊張でパニックになり，解けるはずの問題も解けないといった悩みを持たれる方は多いのではないでしょうか。本番は練習のように，とはよく言いますが，本番の独特の空気感の中では，どうしたって普段考えないような余計なことをたくさん考えてしまうと思います。

周りの受験生がみんな賢そうに見えたり，電卓の電池やペンのインクが切れてしまわないか気になったり。そうすると，必ずしも普段の練習において静かな環境で集中できているからよい，ということにはならないのではないでしょうか。

意図したわけではないですが，私は家で勉強することによって，**「余計なことを考えながらでも，いつの間にか集中できる」**という経験を積んでいたということができます。思わぬ収穫ですが，本番で問題に集中できるというのはかなりのアドバンテージだと思うので，訓練してみるのも１つの手ではないでしょうか。

前月　次月　2017年 1月
85時間10分

日	月	火	水	木	金	土
1 1時間0分	2 1時間30分	3 1時間15分	4 1時間30分	5 2時間30分	6 4時間0分	7 1時間30分
8 2時間30分	9 1時間45分	10 3時間45分	11 3時間15分	12 2時間30分	13 3時間0分	14 2時間0分
15 2時間0分	16 3時間0分	17 3時間0分	18 3時間15分	19 4時間0分	20 4時間0分	21 3時間15分
22 2時間45分	23 3時間35分	24 3時間20分	25 4時間0分	26 3時間30分	27 3時間30分	28 1時間30分
29 2時間0分	30 3時間0分	31 3時間30分	1	2	3	4

育休中の勉強時間

復職後の勉強時間

Q 集中できない時はどうしていた？

A

普段から100％の集中力で問題を解いているわけではありませんが，疲れている時ややる気の出ない時は「作業」に徹します。それでもダメな時は，諦めも肝心です！

とりあえずペンを動かしてみる

子育てをしながらだと，「さぁ勉強するぞ！」と意気込んで万全な状態で机に向かうことがほとんどないので，普段から集中力がマックスの状態で勉強ができるわけではありません。私の主な勉強場所は，リビングに置かれたローテーブルで，椅子にすら座っていませんでした。

とりあえずペンを動かしている間に，**いつの間にか問題に集中できていた**，というのが自分の普段の姿です。といっても，疲れている時や眠たい時，やる気の出ない時もどうしてもあります。そんな時に苦手論点に取り組んだり，条文のインプットをしたりしてもあまり効果はありません。そんな時はとにかく頭を動かさずに済むよう，**「作業」**に徹します。

自然に手が動いて解ける，が１つの目標

たとえば，しばらく解いていなかった簡単な個別問題を復習程度に解いたり，覚えた条文をタイピングしてアウトプットしてみたりします。この時，簡単な問題であっても，**「集中できない時にでも自然に手が動いて解ける」**ようになった自分を褒めていました。それが自分の自信にもつながります。

ちなみに，すべての個別問題についてこの状態まで持っていければ，総合問題や本試験でもかなり戦える状態になっています。ですので，私自身，そこを１つの目標にしていました。

また，このように手を動かしているうちに，いつの間にか集中しているという時もあるので，**ノッてきたら本来やるつもりだった勉強に取り組めばよい**と思います。

とはいえ，「疲れがたまっていて眠いのでもう今日は寝てしまおう！」とか，「どうしても集中できない…」という時もたくさんありました。眠いまま２時間適当に勉強するよりも，早く寝る代わりに次の日は少し早く起きて30分勉強するほうが，よほど効果が上がるやり方だと思います。

できたことを褒める

何時間勉強したか，ではなく，**「今日はここができるようになった」**と振り返ることのできる勉強をするように意識しました。私がきっちりスケジュールを組んだり，その日やることをあらかじめ決めて勉強したりしないのは，そのためです。

決めたスケジュール通りにできなかったら，自分を褒めることができなくなるからです。毎日毎日集中することなんてできないのですから，「１問解けたら今日は終わり」，そんな日も作ってよいと思います。

集中できないときにしていた作業リスト

① 条文をスマホに音声入力する
② 録音した音声を聴く
③ 覚えた条文をタイピングする
④ 条文のタイトルを書き出す
⑤ 簡単な個別問題を解く

Q 家族の協力はあった？

授乳を早めに卒業し，夜たっぷり寝てくれる子供たち，そして，私の勉強に対する文句は全く言わず，平日の本試験に合わせて毎年休みを取ってくれた夫にはとても感謝しています。

仕事と勉強を両立させるために

協力，といってよいものかはわかりませんが，仕事と夜の勉強を両立させるためにまず子供たちに対してしたことは，「早寝の習慣をつけさせる」ことと，そして「１歳前に授乳を卒業する」ことでした。

夜中に起きられては次の日の仕事や勉強に支障をきたしてしまうので，夜はとにかくぐっすり眠ってもらわなければなりません。そのために，授乳は１歳前にやめられるよう，離乳食と並行して少しずつ減らしていき，誕生日前には２人とも卒業することができました。

これは完全に私の都合なので，それに付き合わせてしまって申し訳なかったな，と思っています。また，早く自分のことは自分でできるようになってもらいたかったので，（特に上の子には）何かと厳しくしてしまったなと反省しています。

また，夫には，仕事から遅く帰ってきたのに，妻は勉強に集中していて話し相手になってくれない，といった不満を感じさせてしまっていたかと思います（私は税理士試験，夫はTOEICと，一緒に勉強をしていた時期もありましたが）。

夕食も朝食も自分で温めて食べてもらっていましたし，時にはお風呂以降の子供の面倒を引き受けてもらって，私はカフェに勉強をしに行ったこともありました。

▶ママ受験生が悩む本試験の日程

普段の勉強への協力ももちろんありますが，小さい子供を持つママ受験生が税理士試験を受ける上で一番頭を悩ませるのではないかと思うのが，**本試験の日程**です。他のほとんどの国家試験と違って，税理士試験の本試験は平日に実施されます。試験場も人によってはかなり遠く，宿泊しないといけないということもあるでしょう。

私の場合，幸い試験場は県内なので泊まりが必要になることはありませんでしたが，朝一の試験だと保育園が開く前に家を出ないと間に合いません。また，夕方の試験だと保育園が開いている間には帰れません。

それに，子供はいつ熱を出すかわからないので，試験日に熱が出てしまうと試験会場に行くことすらできなくなってしまいます。病児保育も利用はできますが，利用者数の限度がかなり少ないので，突然の予約が取れるとは限らないからです。

▶試験日に合わせて夫が有給休暇を取得

私も夫も両親が遠方なので頼ることはできず，結局，**試験日に合わせて夫に毎年休みを取ってもらう**他はありませんでした。その年受ける科目と試験日程が決まった段階で夫に話をして，早めに有給休暇の予定を入れてもらいました。

さすがに，法人税法と消費税法の２科目を受けた年は，夏季休暇の直前に２日連続で有給休暇を取ってもらうことになり，大分迷惑をかけてしまいました。比較的有給休暇の取りやすい勤め先だったからよかったものの，そうでなければ，私は今，税理士になれていなかったかもしれません。

そして何より，私が税理士試験の勉強をすることに対して，夫が文句を一度も言わなかったことが一番有難かったです。子供の世話を任せっきりにするようなことはないように意識はしていましたが，妻としては全くの役立たずだったはずなので，夫には今でも感謝しています。

Q 家事はいつしていた？

A

もともと家事が得意ではないのもあって，機械に任せられることはなるべく任せるようにして，家事の時間はとことん減らしていました。

私が時短で働いていることもあり，夫の担当はお風呂掃除ぐらいで，他の家事はほぼ私の仕事でした（休みの日は手伝ってくれていましたが）。ただ，私のズボラな性格と，夫の家電好きが相まって，最新の家電を揃えることには夫婦ともに異論はありませんでした。

特に役に立ってくれたのは，乾燥機付き洗濯機，食器洗い乾燥機，そしてお掃除ロボットのいわゆる**新・三種の神器**です。乾燥機付き洗濯機により洗濯物を干す時間がなくなり，食器洗い乾燥機により手で洗うものはフライパンなどの大物だけになりました。また，お掃除ロボットは時間の予約もできるので，仕事で家にいない時間を指定し，床の上を片付けておけば自動で掃除をしてくれました。

料理はそこまで苦手ではないですが，とにかく手間をかけたくなかったので，週末に食材をまとめ買いし，電子レンジや冷凍野菜を駆使してとにかく短時間で作ることばかり考えていました。おかずの作り置きという選択肢もありましたが，結局週末の家族で過ごす時間がなくなってしまうので，子供のお弁当が必要な時に何品かあらかじめ作っておく程度でした。

このように，**「機械任せ」**と**「時短」**を合言葉にしていましたが，それでも外食はたくさんしましたし，畳まれていない洗濯物が溢れている時もありました。勉強も家事も，ずっと気を張ってやり続けることは到底できないので，家族とも話し合いながら，できる人ができることはやりつつ，**「今日はまぁいいや」**と諦める日も作ったりして，適当にやっていけばよいかなと思います。

Q 外で勉強はしなかった？

A

スキマ時間の利用や，まとまった時間を作るために外で勉強をすることもありましたが，パジャマのままで好きな時間に好きなだけできる家の中が一番よい環境だと思っています。

「家勉」を基本とする私ですが，もちろん外でも勉強をしていました。長女が療育（発達支援の教室）に2年間通っていたので，その**待ち時間を利用して教室の近くにあるスーパーマーケットの休憩スペースで勉強**したこともあります。

また，週末の夜，早めの時間に夕飯を食べてその後に子供たちを夫に任せて，近所のカフェで閉店時間（22時）まで勉強していたこともあります。この時は3時間ほどまとまった勉強時間が取れたので，過去問題集や予想問題集などを使い，**時間を計って問題を解くことのできる貴重な機会**でした。

2人の子供をお風呂から寝かしつけまでお願いすることになるので，さすがに夫に悪いと思い，この「カフェ勉」は税法2科目（法人税法と消費税法）を受験した年の，試験直前の2か月ほどの限定でした。

まとまった時間を作るというのは私にとっては困難なことなので，そこがスーパーマーケットだろうとカフェだろうと，1人で勉強できるというだけでとても有難い環境です。また，いつも家の中で子供の泣き声やテレビの音の中で集中する訓練（訓練といえるほどのものではありませんが）を積んでいるので，限られた時間という緊張感も相まって，外の雑音の中でもすぐに集中することができました。

外で勉強をすると，とても疲れます。姿勢も崩せないし，紙を広げるスペースも限られているので，家で勉強する時と比べるとどうしても気を遣うことが増えます。**移動時間もかからず，服装や姿勢も気にせず，いつでもどこでもできる家勉は，一番**だと今でも思っています。

Q 他の受験生の存在は気にならなかった？

A

目標がしっかりと定まっている限りは途中の成績に一喜一憂する必要はないと思います。逆に，近くにいないことで「一緒の目標に向かって頑張る人が他にもいるから私も頑張ろう」と思うことができました。

▶もし，予備校に通っていたら…

もし，私が普通に予備校に通っていて，他の受験生が身近にいる状況だったら，**おそらくモチベーションを保つのが難しかっただろうな**，と思います。というのも，私は受験生の中でも圧倒的に勉強時間が短いでしょうから，きっと授業のペースにはついていけなかったし，途中のテストでもよい点を取ることはできなかったと思います。そのように常に他の受験生の存在を意識させられるような状況だと，負けず嫌いな私はどんどんやる気がなくなっていったでしょう。

私は**「テキストの中身がすべて理解できて問題が解けるようになれば合格できる」というシンプルな目標のみ**で勉強していた分，途中での成績に一喜一憂することには全く意味はないと思っていました。模試を受けなかったのも同じ理由で，私の中で５～６月という時期はまだまだ総合問題の演習期間で，試験に向けた総仕上げという時期ではありませんでした。

その段階で他の受験生と比べて成績が悪いということを知ったところで，プラスの効果はないと判断し，模試を受けるぐらいなら１問でも多く問題を解こうと決めました。ただ，その時期の模試の問題は予備校の講師たちがその年の本試験対策のために考えに考え抜いた内容でしょうから，もっと**直前になってから問題を解くだけでもしておけばよかったかな**とは今になって思います。しかし，受験仲間のいなかった私は問題の入手方法すらわからず，結局解く機会はありませんでした。

「同士」や「ライバル」として意識

このように，近くの「受験仲間」はいませんでしたが，「同士」や「ライバル」として他の受験生の存在を意識することはとても力になりました。

後の章でも書きますが，受験生活の後半にブログを始めたことによって，顔も知らない全国各地の受験生（特にママ受験生がたくさんいることに非常に驚きました）が合格に向けて毎日頑張っている様子を知り，**「一緒に頑張ろう」**だったり**「負けたくない」**といった気持ちを持つことができました。

これはたった１人で「家勉」だけをしていたのでは持ち得なかった気持ちなので，よい意味で他の受験生を意識することができたかなと思います。

「家勉」で使っていたローテーブル

第 3 章

「教材選び」と「内容理解」が独学最大の難関

Q 教材は何をどうやって揃えた？

A

テキストはネットスクールのものですが，問題集を含めると最終的に市販で入手できるものはほとんど購入したと思います。書店には置いていないものばかりなので，専らネットで購入しました。

まずは大型書店に行ってみた

簿記の勉強を進めながら，税理士試験の受験をなんとなく考え出した頃，まずは近所の書店に行ってみましたが，資格試験の棚に行っても，税理士試験の本は１冊もありません。

そこで，県内で一番大きい駅まで行って，駅ビルの大型書店で探してみたところ，大手予備校のTACや資格の大原の問題集はありましたが，テキストらしきものはありません。今でこそTACも独学者向けのテキストを何冊か出版していますが，当時はありませんでした。

ネット検索してみた

そこで，インターネットで「税理士試験　テキスト」というようなワードで検索してみたところ，出てきたのが簿記の勉強でもお世話になったネットスクールのテキストでした。

「簿記２級の知識からスタートできる！」という謳い文句もさることながら，当時の書籍の表紙に書かれていた「一人だけど，独りじゃない！」の言葉にとても背中を押された感じがしました。

「独学では無理だ」というのが当たり前の業界で，独学者向けにテキストを出してくれている会社があるというのがとても心強かったです。実際に同社の実際の講義で使われているものがそのまま（１冊2,000～3,000円の低価格で）市販で手に入るということで，迷わずそのテキストを使用することを決めました。

市販で手に入る教材はすべて揃えた

ネットスクールのテキストは，どの科目も，①基礎導入編，②基礎完成編，③応用編という３冊構成になっているので，その**テキスト３冊**と，**セットになっている個別問題集**を揃えました（①の基礎導入編はテキストと問題集とで一冊になっています）。

あとは科目に合わせて，**条文集**や**過去問題集**，**理論問題集**，追加の**個別問題集**や**総合問題集**を勉強の進捗に合わせて揃えていきました。

税法はいずれの科目も１年では合格できなかったので，１年目には時間的に解けないと考え購入しなかった問題集も２年目で揃えたりしました。最終的に，**市販で手に入る書籍はほぼすべて購入した**のではないでしょうか。

先に述べたように，税理士試験関係の書籍は大型書店であっても置いていないものばかりなので，入手方法としては**ネットで注文する他ありません**。まずは試し読みをしてみてから，といったことはできませんが，そもそも選ぶほどの種類がないので，**結局は買う（勉強する）か，買わない（勉強しない）かの二択**しかありません。ですので，中身を見ずにネットで買うことに特に抵抗は感じませんでした。ちなみに，Amazonや楽天でも購入できますが，出版社によっては会員登録すると会員価格やセット割といったお得な価格で購入できることもありました。

Q テキストを読む時のコツは？

A

とにかく素直に読むこと！　問題を解くためのものと割り切って，余計なことは考えないようにしましょう。

▶素直に読む

皆さんは，学生の時，何を考えながら教科書を読んでいましたか？　特に深く考えず，教科書の内容や教師の言葉を，何の疑問も持たずそのまま受け止めていたのではないでしょうか。

資格試験のテキストにおいても，まずはその内容を**素直に受け止める**ことが，勉強のスタートだと思います。テキストには，問題を解くために必要な情報があますことなく整然と書かれています。研究ではないので，そこに書いてある内容を背景から検証したり，反論を唱えたりすることは全くもって必要ありません。

塾や予備校の授業の意義は，「生徒が内容に興味を持てるように雑談や実務の実体験を交えて話す」「難しい言い回しが理解できるよう噛み砕いて説明する」ことではないでしょうか。

ただ，法律の条文というのは国語のように行間や心情を読み取るものではありませんし，英語のように意訳して分かりやすい言い回しに変える必要もありません。

そして，**問題を解くために必須となる「公式」はそのまま覚えるほか仕方ありません**。そうすると，興味を持って接することができる以上は，テキストに書いてあることがすべてです。こんなことを書くと予備校の先生に怒られてしまいそうですが…，条文を覚えて，問題が解けるようになるのであれば，必ずしも予備校の授業を聞かなくてもよいということになるのではないでしょうか。

文字を眺めるだけでもOK！

私はネットスクール以外のテキストを使用したことがないので他社のテキストがどのような構成になっているのか知らないのですが，ネットスクールのテキストの構成が良いと思ったのは，**「徐々に深堀りしていく形式」**である点です。どの科目も基礎導入編・基礎完成編・応用編という３冊構成になっているのですが，基礎導入編ではそれこそ法人税は直接税か間接税かといった論点から始まり，税額を出すまでにどのような過程を踏むかの全体像および減価償却や交際費等の基礎的な論点を学習します。基礎完成編で役員給与や租税公課，寄付金といった出題頻度の高い論点はすべて完了し，応用編でようやく税額控除や留保金課税といった難易度の高い論点を学びます。このように，１冊目からいきなり難しい論点は出てこないため，初学者や私のような独学者でも，少しずつ学習を進めることができるようになっています。

最初は斜め読み，なんなら文字を眺めるだけで大丈夫です。「７回読み」で知られる東大卒で元財務官僚の山口真由さんも，１回目では全体像を掴むだけと言っています（素直に取り組むことが効率的だともおっしゃっていて，同じ考えをされていて嬉しく思いました）。テキストを開いたら，まずは１単元だけでも最後まで目を通すことを目標に読んでみてください。

Q テキストの内容はすぐに理解できた？

A

完全に理解するのは何度も問題を解いてから。最初から理解しようと思わず，問題とテキストとの往復を繰り返しました。

▶はじめての税法に苦戦

先ほど**「テキストを素直に読む」**と書きましたが，私が本を一読しただけですぐにその内容を理解できる人間だなんて思わないでくださいね。ちなみに，私は活字好きなタイプではなく，専ら漫画ばかり読んでいるような子供でした。なので，挿絵もない文字だけの文章を読むのはもともと得意ではありません。

私は簿記論・財務諸表論を受験した後，最初の税法として法人税法を選択したので，その膨大な量と，はじめて触れる難解な論点にはもちろん苦労しました。夜，子供を寝かしつけてからの勉強だったので，眠気が勝ってしまうことも一度や二度ではありませんでした。

▶先に解説を読んでしまう

そこで，テキストはまず単元ごとに目を通します。わからないところは本当に，文字を見るだけといった感じです。通し終えたら，とりあえず**その単元の個別問題に着手**してしまいます。当然，**解けません**。解けないと思ったら，もう**解答・解説を読んでしまいます**。そうすると不思議なもので，実際に解くべき問題がそこにあって，解答の数字を見ながら解説を読み，その解説の基となるテキストをもう一度読んでみると，**最初に読んだ時よりもなんとなくわかるような気がする**のです。

現実の数字が出てくると，抽象的なテキストの内容にぐっと現実感が増して，頭の中に入ってくるのだと思います（ペンを動かすことで頭もはっきりしてきます）。

それと同時に，問題の解き方は全部テキストに書いてあるということが実感できるので，**「結局はテキストの内容を理解して，覚えないといけない」**という，一種の諦めも芽生えます。

▶テキストは流し読み，解答・解説はじっくりと

とはいえ，一度問題を解いただけで完全に理解できるはずもありません。当然，ゴールとすべきところは**「解答，解説を読まずに初見の問題が解けること」**なので，答えを覚えてしまわない程度に間を空けて，**何度か問題と解説・テキストとの往復を繰り返す**ことになるのですが，解き方を覚えて問題を解けるようになってくると，ある日突然，テキストの内容を「記憶しただけ」の状態から「理解した」状態になっていることがわかります。この状態になれば忘れにくくなるし，数字や形式の変わった問題にも対処できるようになります。

もし，「テキストの内容を理解してからでないと問題が解けない」と思っている方がいらっしゃったら，まずはその考えを一度捨てて，テキストはまず流し読みし，解答と解説からじっくりと読んでみると，少し見え方が変わってくるかもしれませんよ。

Q ノートをまとめる時のコツは？

A

まとめノートは「土台の見えないジグソーパズルを解く」感覚で，ピース同士のつながりを考えながら作りました。仕上げる際には，ぱっと見て綺麗な，他の人が見てもわかりやすいノートを意識しました。

土台の見えないジグソーパズル

多くの人もしていることだと思いますが，私もまとめノートを作って頭の整理をしていました。といっても，学校のようにまとめ方をナビゲートしてくれる教師はいません。税理士試験のようなはじめて学ぶ分野については，**土台の見えないジグソーパズルを解いているようなもの**です。

最初は各ピース（一つ一つの細かな情報）がバラバラに散らばっている状態になりますが，まずは片っ端から紙に書き出して，その**バラバラの状態を眺めてみます**。すると，ピース同士でつながりがあれば，同じだったり，反対だったりが一目でわかるように，**記号や矢印を使って関係性を書き加えて**いきます。そのうち，さらに大きな関係性が見えてくるかもしれません。

このように，**ピース同士をつなげていく作業を繰り返すこと**で，最初は見えなかった土台（全体像）が徐々にはっきりと形を帯びてきて，最終的にはその土台の上にピースが乗っていくことになります。

他の人が見てもわかりやすいノート

土台がだんだん見えてきた段階で，ノートにまとめていく作業に入るのですが，このノートは後で何度も見直すことになりますし，新たな情報を書き加えたりしてアップデートしながら使うことになるので，まとめる際には**「パッと見て綺麗だと思える，他の誰かに見られてもよい状態」**に仕上げることを意識しています（実際に誰かに見せることはないのですが）。

「誰かに教える，説明する」つもりで書いていくと，自分の理解が足りない部分が見えてきますし，より俯瞰的な視点で書かないといけないということがわかるので，この時は自分が予備校の講師になったような気持ちで作ります。

ノート作りは時間がかかりますが，**ここでしっかり時間を使って頭の整理をしておけば後のアウトプットに非常に役に立つ**ので，まずはとにかく手を動かして，紙に書いてみるところから始めてみることがおすすめです。

相続人 受遺者 受贈者 ／ 被相続人 贈与者	法施行地に住所あり	法施行地に住所あり：一時居住者（前15年内で10年以下）	法施行地に住所なし：日本国籍あり：前10年内に住所あり	法施行地に住所なし：日本国籍あり：前10年内に住所なし	法施行地に住所なし：日本国籍なし
相続開始時／贈与時に住所あり（一時居住者除く）	居住無制限納税義務者		非居住無制限納税義務者		
相続開始時／贈与時に住所なし（前10年内に住所あり）					
相続開始時／贈与時に住所なし（前10年内に住所あり）：前15年内で居住期間10年以下：期間内に日本国籍あり					
相続開始時／贈与時に住所なし（前10年内に住所あり）：前15年内で居住期間10年以下：期間内に日本国籍なし		居住制限納税義務者		非居住制限納税義務者	
※在留資格あり：前15年内で居住期間10年以下					
前10年内に住所なし					

webで見つけた表を参考に，自分でまとめた表

 問題集は何を使った？

A

最初はテキストとセットになっている個別問題集を。その他は科目や勉強の進捗に合わせて過去問題集や総合問題集など，すべて市販で手に入る問題集を使いました。

簿記論・財務諸表論で使った問題集

ネットスクールのテキストはそれぞれ個別問題集とセットになっているので，まずはテキストと共にその問題集を購入しました。その他の問題集は科目ごとに次のように揃えました。

まず簿記論・財務諸表論ですが，ネットスクールのテキストと問題集は２科目を同時に学習することを前提に作られており，１冊で２科目分がまとまっています。ただ，私は１年で１科目と考えていたので，同時学習はしませんでした。

１年目で簿記論を学習した際は，ネットスクールの問題集を一通り終えた後は過去問題集（TAC出版）を使いました。そして，２年目の財務諸表論では同じく過去問題集（TAC出版）を使い，さらに，重要会計基準（TAC出版）と，理論問題集（TAC出版）を購入しました。

税法で使った問題集

税法では，理論マスター（TAC出版），理論ドクター（TAC出版），個別問題集，総合問題集（基礎編，応用編）は大原出版もTAC出版も両方とも，どの科目でも共通して購入しました。簿記論・財務諸表論の時に，TAC出版の過去問題集を使用していたので，同じくTAC出版の理論マスターと理論ドクターを基本的には選びました。

これらに加えて，法人税法では理論問題集（大原出版）を，相続税法では財産評価問題集を大原出版もTAC出版も両方とも揃えました。直前期になると，ネットスクールの予想問題集や，『会計人コース』（当時，月刊誌）の理論予想号を購入して試験対策としました。

税法はすべて合格までに２年かかりましたが，１年目はインプットの時間の関係上，たくさんの問題集は解けなかったので，種類ごとに１冊ずつ購入しました。２年目になるとアウトプットに時間が割けるようになったので，とにかく市販で手に入る問題集はすべて購入しました。

最後の相続税法の２年目では，13冊の問題集を購入し，そのすべてを１～４回ぐらいは解きました。金額としては，平均すると大体１冊2,500円前後なので，３万円強を問題集の購入に充てた計算です。

2017年度試験対策で使った書籍
（法人税法２年目，消費税法２年目）

2019年度試験対策で使った書籍
（相続税法２年目）

Q 問題集を選ぶポイントは？

A

同じ問題集でも出版社によって特色があります。基本はテキストと親和性があるものを選び，そうでないものは実力アップ用と考えましょう。

市販の問題集は，ほぼ大手予備校のTACと資格の大原のどちらかのものしかありません。ここでの選択肢はその二択になります。これは後々になってだんだんわかってきたことなのですが，ネットスクールの教材と親和性が高いのはTACのほうだと思います。問題の解き方は，**TACは実務により近い解き方である**のに対し，**資格の大原のほうは少し学術的というか，効率性をより考えているようなところがある**のではないかと思います。

後の章でも述べますが，計算や端数処理の仕方も違いますし，総合問題の配点箇所も，資格の大原のほうがより細かくなっている印象です。総合問題集の問題自体も，資格の大原のものは難易度が比較的高く，ひっかけ問題のようなものが多かったように思います。これは私がこのように感じただけであって，資格の大原のテキストで学習された方は逆にネットスクールやTACの問題集はとっつきにくいと感じるでしょう。

ただ，結局はどちらも「税理士試験の問題を解けるようにする」ためのものですので，最終的にどちらの問題集を解こうが正解が正しく導き出せればよいのです（当たり前ですが）。

これも後に述べる話ですが，他社で推奨されている解き方のほうが意外と自分に合っていると感じるかもしれませんし，いいとこ取りをすることでより効率的な解き方ができるようになるかもしれません。

まずは自分の学んでいるテキストと親和性のあるものを選び，ある程度問題が解けるようになってから他社の問題集を解いてみることで，さらなる実力アップができるのではないかと思います。

Q 誰かに質問したい時の対処法は？

A 「まずは検索」という姿勢でいれば，大抵のことは解決できました。その姿勢は実務でも役に立っています。

問題の解答と解説がどうしても自分の中でかみ合わず，ネットスクールにメールで質問をしたこともあります。ですが，**基本はインターネットで検索をして，テキストの解説・問題の解説・ネットの解説をあわせて読む**ことで大体のことは解決することができました。

一口に検索と言っても，キーワードの選択やその組み合わせを変えることで全く違う検索結果が出てきますし，自分の欲する答えを得るまでに何度も検索し直したこともありました。ネット検索なんて誰にでもできそうな感じですが，こと**資格の勉強における情報を得るためのネット検索となれば，慣れと熟練が必要**なのです。

このように「聞く前にまずは自分で検索」という姿勢が染みついているので，実務においても少しでもわからないこと，確認したいことがあればすぐに検索して国税庁や個人の解説サイトを読んでいます（今でも，それこそ簡単な仕訳であっても，確認のためにいちいち検索しています）。

なお，実務においては取り扱いに争いのある事項もありますし，国税庁でも通達レベルでの取り扱いしか載っていないものも多いです。そこはしっかりと見極めるよう意識して，**「条文（法律）ファーストの姿勢」**は崩さないように気をつけています。

Q テキスト・問題集の他に利用したものは？

A

税法の学習の際には国税庁の解説やQ&Aは必ずチェックするようにしていました。また，ネット上の解説サイトには非常にお世話になりました。

チェック１「国税庁ホームページ」

私がテキスト・問題集の他によく利用していたのは大きく３つです。

１つ目は国税庁のホームページ。これは税法を学習されている方なら皆さん利用されているかと思います。その中でも国税庁の**「タックスアンサー（よくある税の質問）」**と**「質疑応答事例」**は，総合問題を解き始める４～５月あたりにはチェックするようにしていました。

タックスアンサーは各制度について条文をベースにしながら条文の余分な部分を省いて概要と解説を載せているので，テキストや問題の解説とあわせて読んで理解の助けにしていました。

質疑応答事例のページに載っている事例はそのまま問題集にも載っていたりするので，問題の解説代わりに読むことも多かったですし，事例理論対策にもなります。試験までに一通り目を通すことができれば，アドバンテージになると思います。

チェック２「ｅ－Gov法令検索」

２つ目はｅ－Gov法令検索です。このサイトは法律事務所で働いていた頃には本当によく利用していたものです。簡単にあらゆる法律や条文をキーワードで検索することができます。

『理論マスター』に載っている条文は，読みやすいように簡略化されたものであり，条文そのものではありません。やはり**生の条文に触れて，そ**

の構造や独特の言い回しを知っておくことは税法の勉強にも，実務においても大事だと思います。

▶チェック３「個人の解説サイト」

３つ目は個人の解説サイトです。今の時代は本当に有難いことに，検索ワードを入れるとその事項について個人で解説しているサイトがいくつも出てきます。簿記論の特殊商品売買や法人税法の組織再編，借地権の問題などはなかなか理解が追いつかなかったので，何度も何度もサイトを訪れては理解できるまで解説を読みました（１つの事項について，いくつものサイトを巡ったりもしました）。

個人の解説を利用する上では信頼度と新鮮度が大事だとは思いますが，不特定多数の人間が読むインターネット上に解説を上げるからには，作成者も間違いのないように，かなり真剣に書いていることは間違いありません。それに，自分が得意と思っているからこそ，そのようなサイトを立ち上げているはずです。

閲覧者の少ないサイトはそもそも検索上位には出てきませんし，私が検索して出てきた解説サイトはどれも信頼のおけるものでした（税理士や会計事務所のホームページ内にある解説は，専門家としての身元もはっきりしているのでより信頼できますね）。

なお，簿記論と財務諸表論は大きな変更・改正がほぼないので，新鮮度はあまり気にしていませんでした。しかし，税法は毎年のように大きな改正があるので，**更新日がいつのものか，更新が頻繁にされているか**といった点は気にして確認していました。

このように，私は税理士試験においてインターネットを大いに利用していました。情報社会に感謝です。

Column

愛用の電卓は？

最初の数年間はSHARPのEL-N732を使っていましたが，途中の買い替えの際に日数計算ができる電卓がよいとのアドバイスを受け，同じくSHARPのEL-N942を購入しました。

●デビューはSHARP電卓

最初に電卓を購入したのは簿記３級の勉強を始めた頃です。その時は12桁あれば十分だと思っていたので，キーが大きめで押しやすそうという理由で，たまたま見つけたSHARPのEL-N732を購入しました（ホームセンターで，2,000円もしなかったと思います）。

その後，税理士事務所に入社してから事務所で使うようになったのは，CASIOの経理用の実務電卓でした（カタログで見ると値段の高さにびっくりしました！）。

●SHARP電卓が好きな理由

CASIOとSHARPのどちらがよいかというのは本当に個人によるとは思うのですが，私が，仕事で使っているCASIOの電卓よりもSHARPの電卓の方が好きだと思う理由は，次の２つです。

①　[C]キー，[AC]キーの位置が０から遠い

事務所のCASIOの電卓は左下の位置に下から[0]キー，[AC]キー，[C]キーが並んでいます。この配置だと，[0]を打つ時に，しばしば[AC]キーを間違えて押してしまい，それまでの計算がパーになってしまうことがあります（私が電卓を打つのが下手なだけかもしれませんが…）。SHARPの電卓だと，[0]キーは左下，[C]キーと[AC]キーは右上の位置にあるので，押し間違えるということが全くなく，安心して入力できます。

②　[+][−][×][÷]キーが２列になっている

事務所のCASIOの電卓は右側に[+][−][×][÷]キーが縦１列に並んでいますが，SHARPの電卓は[+][×]と[−][÷]が縦２列に並んでいます。計算では[+][×]を圧倒的によく使うので，2列に分かれていることで[+][×]と[−][÷]を意識的に使い分けることができ，これも押し間違えの防止になります。CASIOだと[−]を打っているつもりで[+]を打っていることがよくあります。

●2台目は日数計算機能付きSHARP電卓

最初に買った電卓が，税法科目の試験を受ける頃には大分古びてきたので，途中で買い替えました。気分を上げるために自分の好きなカラーの電卓を買おうとしていたところ，ブログの読者から，「相続税法を受けるつもりなんだったら日数計算のできる電卓を買うとよい」とのアドバイスを受け，日数計算ができ，なおかつデザインも可愛いと感じたEL-N942を購入しました（3,000〜4,000円だったと思います）。

受験生活を送る上で一番の相棒となるのが「電卓」です。機能性ももちろん大事ですが，カラーやデザインで気に入ったものを選ぶことも勉強へのモチベーションアップのために必要だと思います。

（左から）事務所のCASIO，1台目のSHARP，2台目の日数計算機能付きSHARP

第 4 章

簿記論・財務諸表論の
一発合格から
税法科目への挑戦

Q 簿記論・財務諸表論はどのように勉強した？

テキスト・問題集を頭から素直に消化していきました。財務諸表論では「キーワード暗記」により暗記をしました。

出産後3か月の頃に独学をスタート

第一子を出産し，生活のリズムがなんとなくつき始めた生後3か月頃（11月頃）になり，税理士試験に独学でチャレンジしてみようと思い立ちました（出産前にも簿記論を少し勉強していましたが，産前産後で完全にストップしていました）。

頼るべきものはネットスクールのテキストや問題集しかなく，**ひたすらそれを消化するのみで，あっという間に春**になってしまいました。問題集は全体を最低2回は解くことにし，解けなかった問題だけ，解けるようになるまで何度も解き直しました。

はじめての税理士試験受験へ

本試験の申し込みをする頃（5月頃）から過去問題集を解き始めたのですが，2時間かけても全く終わらないのでかなり焦りました。簿記論は問題数が多く，本試験においても取捨選択が必要だということはなんとなくわかってはいたのですが，**やはり過去問題集を解くことで自分の問題を解くスピードがまだまだ足りないのだと自覚**しました。

その後は解答スピードを上げるべく，また個別問題集に戻って，ひたすら問題を解き続けました。そうこうしているうちに本試験を迎えたのですが，その時（2013年度）の試験で覚えているのが，簿記論で理論を書かせる問題が１問だけあったことと，小問で解答の単位を間違えて書いてしまったことです。

理論は全く対策していなかったので，ここはすっぱり白紙で出しました。そして，単位間違いは最後の見直し，本当にあと10分くらいの時に気がついたので，一瞬頭が真っ白になりました。しかし，すぐにペンを取り，そこからは必死で，終了の合図が聞こえるまで頭をフル回転して解答を手直ししました。数か所は時間が間に合わずペンを置くことになったのですが，**最後の最後まで諦めずに頑張れたことがその年の合格につながった**と思っています。

財務諸表論の理論はキーワード暗記

２年目の財務諸表論についてはテキストが簿記論と兼用だったので，基本的な事項と計算問題についてはある程度仕上がった状態からのスタートとなりましたが，いわゆる「暗記」をしたのはこの年からになります。私はもともと丸暗記というのが苦手だったため，この頃はまだ**「キーワード暗記」により理論暗記**をしていました。

文章の核となる**キーワードのみ書き出して，それを暗記**します。矢印や図表を使って，**なるべく視覚的に覚えられるように**しました。アウトプットの際には，その視覚的に記憶したキーワードを使い文章として組み立てていきます。

たとえば「継続性の原則」について書く時には，「恣意性の介入による利益操作」「期間比較可能性」「正当な理由」の**３つのキーワードさえ押さえておけば，丸暗記をしなくても問題に対する解答を作文することは十分に可能**です（こういった暗記方法は税法では通用しなかったわけですが，それについては後述します）。

このようにして，簿記論・財務諸表論はとりあえず当初の予定どおり１年で１科目ずつ，２年で合格することができました。

Q 簿記論・財務諸表論の次に法人税法を選んだのはなぜ？

A 仕事で法人を担当するようになり，知識として必要だったのもありますが，税法の入り口として自分の実力を計ることができ，また難関であるが故に独学でも合格できる可能性が高いのではと考えました。

▶選択必須科目，かつ一番難しそうだった法人税法

簿記論を運よく最初の年に合格することができ，その次の年には財務諸表論を受験したのですが，簿記論に比べて手ごたえはありましたし，解答速報を見ても大きく点を落としていることはなさそうだったので，受験後の９月からは税法の勉強に着手しようと考えました。

税法の１科目目を選択する際に何を考慮するか（難易度だったり，ボリュームだったり）は人によってさまざまかと思います。私が最初の税法として法人税法を選んだのは，当時仕事で法人の担当を持つようになり，**試験勉強で知識を仕入れれば，仕事にも役に立ち一石二鳥と考えた**ことがかなり大きいです。その他には，次のような理由があります。

それは法人税法が**選択必須科目**であり，なおかつ**一番難しそうだったから**です。もう１つの選択必須科目である所得税法は消費税法と並んで生活に密着した身近なものですが，法人税法はあまり馴染みがありません。そのため，範囲の広さとあわせて難易度は一番高いといっても過言ではないと思います。ですが，独学者向けの（当時では）唯一の市販テキストであるネットスクールの書籍ラインナップに所得税法はなく，独学により官報合格を目指すには法人税法は避けては通れません。

▶なぜミニ税法を選ばなかったのか

また，税法の中にはボリュームの比較的少ない，いわゆる「ミニ税法」と呼ばれる科目もありますが，税理士試験の合格率は「どの科目でも」10〜15%です。そうすると，平均点が80点のテストで上位10%に入ることと，平均点が60点のテストで上位10%に入ることを比べた場合に，努力がものを言うのは後者ではないでしょうか。前者においてはもはや運やテクニックの要素も必要と言わざるを得ません。そのため，**独学である自分がその10%に食い込めるチャンスがあるとすれば，後者しかないだろう**と考えたのです。

もちろん，範囲が広いので育児や仕事をしながらの勉強では他の受験生に比べ勉強時間が圧倒的に足りません。しかし，もともと法人税法は1年で合格できるとは思っていなかったので，最初の1年で法人税法の試験にどれだけ対応でき，なおかつそれに対してどのような評価を得られるのかを知っておくことは，今後受験を続けていく上で，自分が本当に官報合格できる可能性があるのかどうかを判断するのに，一番よい科目なのではないかと考えました。

Q どういうスケジュールで勉強した？

A

ネットスクールのテキストの発売に合わせて年内はインプットに，1～3月はインプットと個別問題集の修練を，4月頃から総合問題集や過去問題集に取り組めるようにする，という大まかなスケジュールしか決めていませんでした。

テキストの発売に合わせてスケジューリング

ネットスクールのテキストと問題集が3部構成（基礎導入編，基礎完成編，応用編）で，どの科目も基礎導入編は9月頭に，基礎完成編は10月頭に，そして応用編は12月中旬に発売されます。ですので，年内はその発売スケジュールに合わせて，それぞれのテキストと問題集とを使いインプットに注力しました。**大体1～2月頃には応用編を一通り解き終わることができる**ので，そのあたりのタイミングでもう1冊，資格の大原かTACの個別問題集を購入し，個別問題にしっかり対応できるように修練しました。

個別問題集は3月いっぱいで最低2回解くようにして，**4月頃には総合問題集に着手できるように**します。そして，**大体4～6月にかけて総合問題集を基礎編，応用編と消化**していき，**その後は過去問題集や予想問題集を解いて試験対策ができるように**と考えていました。

おそらく予備校では講義との兼ね合いもあり，細かく学習スケジュールが決められているかとは思うのですが，私は上記のように**本当にざっくりとしたスケジュールしか立てていません**でした。それには大きく2つの理由があります。

ざっくりスケジュールの理由１

１つ目は**「立てられなかったこと」**。簿記論の勉強を本格的に始めた時には既に子供がおり，その後はずっと子育てと税理士試験の勉強とを並行して行ってきました。

子供はすんなり寝る日もあればなかなか寝ない日もありますし，突然熱を出して保育園を休んだり，ある時には入院になって１週間つきっきりだったりと，このような中ではまともにスケジュールを立てられなかったわけです。

ざっくりスケジュールの理由２

もう１つの理由は，**「立てたくなかったこと」**です。既に述べましたが，私は「何を犠牲にしてでも，絶対に税理士になる！」とまでは考えていませんでした。あくまでも生活（や奨学金の返済）が第一であって，勉強にすべてを捧げる覚悟など全くありませんでした。

だからこそ，試験にお金をかけることや，スケジュールを細かく決めることによって自分を追い詰め，その結果，嫌々勉強するようになるのは避けたかったのです。

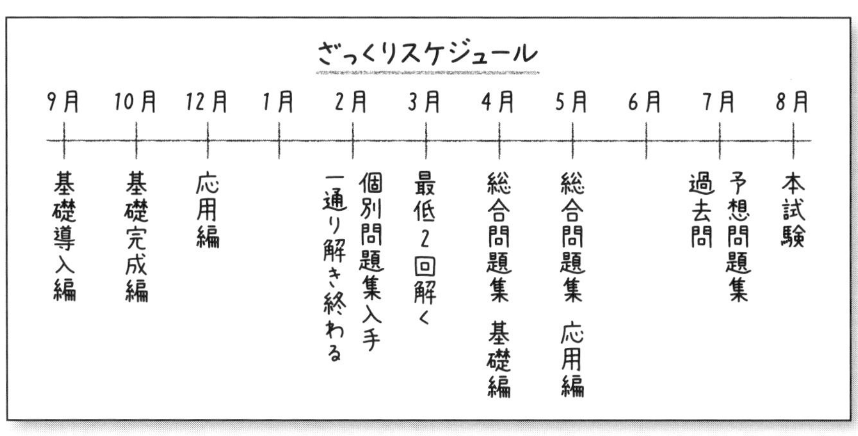

Q 学習のペース配分に不安はなかった？

A

テキストを「すべて」理解してはじめて試験に対応できます。それが第一目標だったので，理解できないところはとことん時間をかけましたし，それでよかったと思っています。

スケジュールを細かく立てないというと，「それで試験に間に合うのか」といった疑問を持つ方もたくさんいらっしゃると思います。しかし，よく考えてみてください。**試験問題はテキストに書いてあることが「すべて」理解できていれば，必ず解けるはず**です。

そうであれば，テキストを「すべて」理解するということが私にとっての一番の目標であって，試験日までに学習を間に合わせることは，短時間しか試験勉強に充てられない私にとっては，「できたらやろう」程度にしか考えていませんでした。

それに，テキストを消化するにあたり，それぞれ得意な部分もあれば不得意な部分もあります。法人税法でいえば組織再編や研究開発税制など，なかなか理解の追いつかない論点がたくさんありました。こういった論点は**「わかったつもり」のままでは初見の問題には太刀打ちできないことはわかっていた**ので，自分が本当に納得するまでその論点のまとめばかりやっていました。その結果，先へ進めなくてもよいというぐらいの気持ちでいました。

もっと効率的にやっていればもしかして税法も１年で突破できたのかもしれませんが，「受かるために勉強する」のではなく，**「理解できれば受かる」をモットーとしてきたのは間違いではなかった**と思っています。

Q 法人税法１年目はどのように勉強した？

A テキストと個別問題を一通り消化するだけで４月頃までかかってしまい，総合問題も理論暗記も満足いくまでできない状態で試験を受けることになりました。

簿記論・財務諸表論の勉強と同様に，９月，10月，12月に発売されるネットスクールのテキストと問題集をそれぞれ購入し，まずは計算知識のインプットをしました。減価償却や交際費，役員給与など，実務でもよく出てくる論点はイメージがしやすかったのでなんとか理解できましたが，実務（主に中小零細企業の申告）では馴染みのない外国税制や組織再編，税額控除のあたりにくると，用語や計算の複雑さに完全に理解が追いつかなくなってしまいました。

３月までに個別問題が一通り解けていることが目標でしたが，４月になってもテキストの内容をすべて理解することができず，とりあえず総合問題に着手するものの，ほぼほぼ解答を見ながら解いているような状態でした。

理論についても，財務諸表論の時のようにキーワード暗記をしていましたが，膨大な量であることと，やはり馴染みのない論点については暗記が思うように進まず，『理論ドクター』も購入してはいましたが，ざっと目を通しただけで終わってしまいました。

そんな状態で本試験を受けたので，理論問題も計算問題も自信をもって解けた問題など一切なく，とにかく解答用紙を埋めようと必死だった記憶しかありません。その年はA判定不合格だったのですが，よくA判定が取れたものだと今でも不思議に思っています。

Q 法律を学ぶことに抵抗はなかった？

A

法学部出身で，その後も法曹界で働いていたので，法律を学ぶことに抵抗はありませんでした。法律初心者であれば，身近な民法をかじってみると法律への抵抗感はなくなると思います。

税理士は「法律家」

税法の学習は法律の学習ですので，税理士試験受験生はここではじめて法律に触れるという方も多いかと思います。法律というと難しい，わかり辛い，というイメージがどうしてもありますよね。簿記検定，簿記論・財務諸表論と基本は計算ばかりの試験を受けてきて，突然簿記とは無関係の「法律」を学ぶということで，そこでかなりの抵抗を感じてしまう方も多いのではないでしょうか。

確かに法学はかなり特殊な学問で，憲法や法律が作られた背景や法律の作りを知らないまま，いきなり読んで理解できるものではありません。とはいえ，税はその根拠が法律（さらにいうとその上位法である憲法）にあるもので，その税を扱う税理士は**「法律家」**であって，経営や数字の専門家ではありません。実務をやっていく上でも，**「その根拠は法律のどこにどのように書いてある？」**という視点を常に持っておくことは非常に重要です。

法律は知らないと損をする

私の場合はというと，法学部出身なので大学時代はがっつり法律の勉強をしていましたし，大学卒業後もパラリーガルとして法律と縁の深い世界で勤務していたので，幸い，法律には全く抵抗はありませんでした。そして，これらの経験を通して感じたことですが，法律の面白さは，義務教育で習うような国民の三大義務などといった知識面ではなく，**「知らないと損をする」**ことに気づくこと自体にあると思います。現代社会では法律を知らない一般国民（いわゆる善人）が損をする場面は多いですが，法律や裁判の世界では往々にして「知らないほうが悪い」と言われてしまうのです。

税理士試験受験生の皆さんも，**まずは法律の構造や独特の言い回しに慣れるところから始めて**いただきたいと思います。民法や会社法を全く知らないまま税法をいきなり読むのは難しすぎるでしょうから，自分の興味の持てる法律（たとえば民法の相続や債権の分野など）を入り口にしてみるのがよいのではないでしょうか。

遠回りなように思うかもしれませんが，税理士試験をきっかけに「法律」に触れ，今まで知らなかったことへの恐怖心ともっと知りたいという好奇心を持つことができれば，いつの間にか法律への抵抗感はなくなっていると思います。

Q 独学で法律の条文は理解できる？

A 条文は法律用語から成り立っています。法律用語は外国語であり記号なので，言葉の意味を考えたり，国語的に文章を理解したりしようとするのは時間の無駄です！

▶法律＝日本語と思わない

「法律の条文は日本語が難しい」「文章がややこしくて理解ができない」などという感想は誰しもが一度は持つのではないでしょうか。しかし，今の日本の主な法律というのはそもそも日本で独自に作られたものではありません。

たとえば憲法は戦後にGHQが英語で草案を作り，それを訳したものです。また，民法はフランス民法とドイツ民法を掛け合わせて作られています。まずは，**法律は日本語ではない**ということからスタートしましょう。

そして，一つ一つの条文は**「法律要件→法律効果」**という構造になっています（用語の意義などを定めた条文などは違いますが）。つまり，数学の公式のように「A×B＝C」と言っているようなものです。

▶英単語を覚えるように法律用語を覚える

昔，法律事務所のボスに「法律用語は記号だ」と言われたことがあり，最初はよくわかりませんでした。ですが，法律用語が元をたどれば外国語だということを考えても，日本語として理解しようとするのがそもそも無理な話なのです。

たとえば法人税法に「内国法人」とあったら「日本にある法人」と言い換えたりそのように理解するのではなく，ただ「内国法人」と覚えるしかないのです（厳密にいうと，その意義は法人税法第二条第三号の通り「国内に本店又は主たる事務所を有する法人」となります)。

法律の中に意義が書かれていない用語の意味するところについては，最高裁の判例があればそれに従いますし，それもなければ「解釈」の問題になります。しかし，それは学者が行う研究の範疇であって，税理士試験の受験生がすべきことではありません。

条文を読む時は，**日本語を読んでいると思わず，また，英単語を覚える感覚で法律用語を覚えるようにするほうが，ある意味近道**かもしれませんよ。

条文の構造を知る

また，私は条文の見出しを並べたものをワードで作成しました。学習を進めていくにつれて，細かい論点ばかり見ていると，今自分が何を学習しているのか，迷子になってしまうことはありませんか？　あらかじめ法律の全体像を押さえておくことで，原則なのか特則なのか，どの論点と関連性があるのかなど，俯瞰的な視点を得られるかと思います。

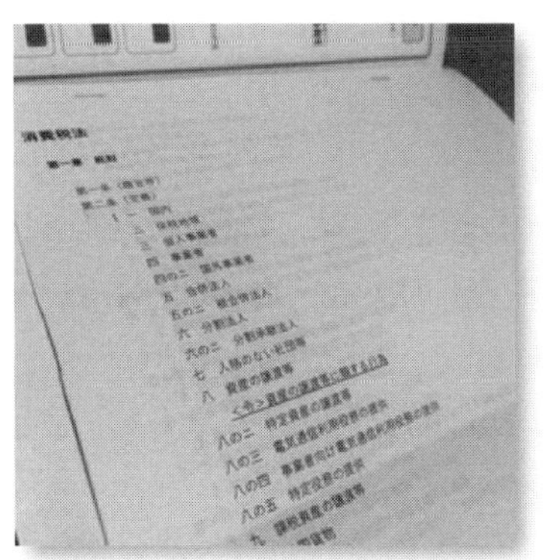

条文の構造を知ることも大切！

Q 学習途中の実力レベルチェックはどうしていた？

予備校の問題集というのは非常によくできているので，そこに定められた目標時間や目標点数を目安にしていました。

市販教材はよくできている

独学で税理士試験の勉強をしたと言っても，その拠り所としていたのは各予備校（主にネットスクール，TAC，資格の大原）が作成したテキストや問題集です。

公式に解答や解説の公表されていない税理士試験ですから，**何十年にもわたって独自に研究をしてきた予備校の作成するこれらの書籍というのは，たとえ市販のものであっても非常によくできています。**

私は予備校に通わなかったので，授業の合間に行われるであろう単元ごとのテストも，本試験前にある模試も，一切受けませんでした。そのため，自分のレベルが全受験生の中でどのくらいなのか，全くわからないまま（少なくとも1年目の）本試験を迎えていました。

それは無謀だという気持ちも確かにありましたが，それ以上に**「範囲のすべてをアウトプットできるようになれば絶対に落ちることはない」という確信**を持って勉強を続けていました。

目安としていた指標

個別問題集は，全問正解できるようになったら総合問題に着手できるレベルに達したと判断していました。総合問題も，問題ごとに目標時間が設定されており，**基礎編であればその目標時間内に47～50点が取れること，**

応用編であれば40点以上取れること，というのが本試験レベルの計算問題で十分に戦えるレベルであると考えました。

絶対に落ちないレベルとなれば，応用編の問題を初見で目標時間内に45点以上，というぐらいを目安にすればよいかと思います。

これは，私が税法科目をそれぞれ合格まで２年かけて勉強してきた中で，自己分析し続けた結果です。同時に，やはり予備校の作成する問題と目標時間・目標点数というのは綿密に設定されているのだなぁと実感したことでもあります。テストの相対評価に一喜一憂するようなことはしたくなかったので，私としてはこのぐらいの指標があれば十分でした。

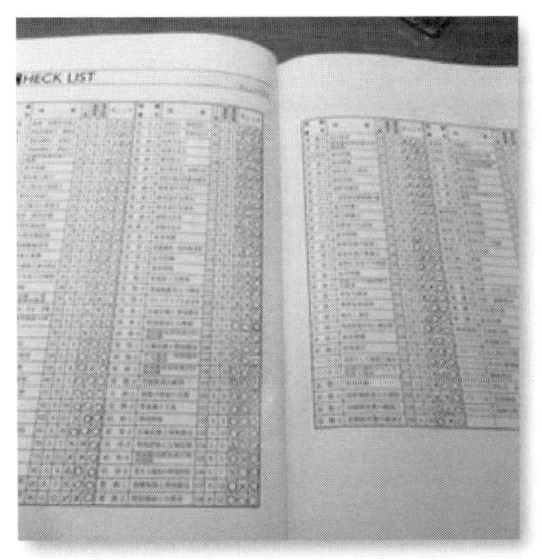

個別問題集のチェックリスト。
正解の問題には○，不正解の問題には×と記録し，
１冊を繰り返した。

Q 自己採点ではどこに着目していた？

A

自分がどのような種類の間違いをしたのかをまず確認し，問題を解いた時の「自分のできた感覚」とそれに対する評価とを比べることによって，自分の足りない部分を把握していました。

▶解いた直後に採点をする

本試験では次年度の方向性を考えるために，自己採点をする人が多いと思います。私の場合は，市販の問題集を解いて，その解答を見て自分で丸つけをするわけですから，普段の勉強から本試験に至るまで，**100％自己採点しかしていない**といっても過言ではありません。つまり，自分が問題を解いた感覚が残っているうちに採点をして，どこをどのように間違えたのかを考えるということを続けていました。

この**「問題を解いた直後に採点をする」**というのはわりと重要だと思っていて，問題を解いた時の**「自分の感覚」**とそれに対する**「評価」**をセットとして，次の対策を考えるヒントにすべきだと私は考えています。

▶間違いの種類を見極める

重要なのは「どこを間違えたのか」ではなく**「どのような種類の間違いをしたのか」**です。それは本試験であっても，普段の勉強であっても変わりはありません。

たとえば，以下のような種類の間違いです。

① 問題を見ても解き方が思い出せなかったのであれば，個別問題が全部解けるようになっていなかったということ。

② 時間内に終わらなかったのであれば，個別問題の修練が足りず問題

を見て反射的に解けるレベルでなかったということ。

③　ひっかけ問題にひっかかったのであれば，いろんな形式の総合問題が解けておらずそのパターンを予測できなかったということ。

④　うっかりミスや緊張による読み飛ばしなどをしたのであれば，自分に自信がつくまで経験値が積めていなかったということ。

本試験の自己採点

本試験では評価が得られるまで時間的な隔たりがあるので，やはり自己採点というのは必要だと思います。**自分の「解いた感覚」が残っているうちに自己採点をして，その時点で一度自分の足りない部分を見つけます。**

さらに，12月の合格発表による正確な評価を受けて，試験直後の自己採点よりも評価が高かったのであれば，その足りない部分を埋められれば必ず合格できると思います。逆に，評価が低かったのであれば，自分の「できた感」すら見直すべきかもしれません。

私の場合で言えば，最初の税法科目である法人税法は全く勉強時間が足りず，個別問題も総合問題も修練が足りなかったわけです。当然，自己採点でもボーダーには至っておらず，不合格であることは確信していました。この時はよくてＢ判定ぐらいかな，という感覚でした。しかし，評価としてはA判定がもらえたことによって**「独学であっても自分のやり方は間違っていない」と自信を得ることができ**，２年目では問題演習を数多くこなして合格することができました。

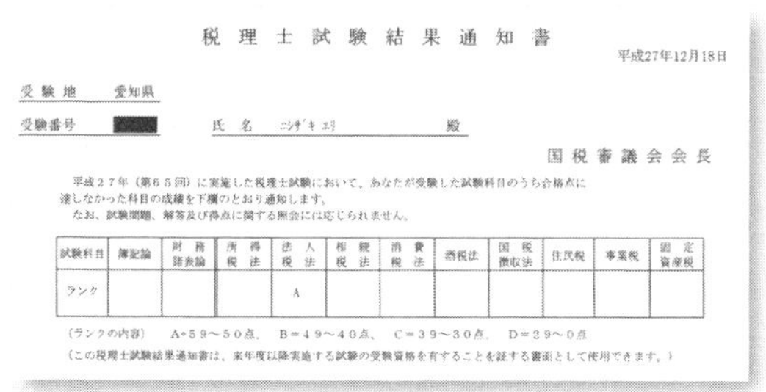

税理士試験結果通知書

平成27年12月18日

受験地　愛知県

受験番号　[illegible]　　氏名　ニシザキ エリ　殿

国税審議会会長

平成２７年（第６５回）に実施した税理士試験において，あなたが受験した試験科目のうち合格点に達しなかった科目の成績を下欄のとおり通知します。
なお，試験問題，解答及び得点に関する照会には応じられません。

試験科目	簿記論	財務諸表論	所得税法	法人税法	相続税法	消費税法	酒税法	国税徴収法	住民税	事業税	固定資産税
ランク				A							

（ランクの内容）　A＝59～50点，　B＝49～40点，　C＝39～30点，　D＝29～0点

（この税理士試験結果通知書は，来年度以降実施する試験の受験資格を有することを証する書面として使用できます。）

法人税法A判定の結果通知書

Q 法人税法の不合格を確信していながら，消費税法を勉強し始めたのはなぜ？

A

試験委員に関するインターネットの情報や，第二子の出産時期との関係なども踏まえ，比較的範囲の狭い消費税法に着手することにしました。

ネットで得た試験情報から作戦を練る

私は条文や解説などを調べる際にインターネットをよく利用していたので，その中で税理士試験自体についてもいろいろな情報を得ることができました。たとえば，試験委員が約３年ごとに交代していること，試験委員の推定される担当科目や前年度試験の評判といったこともネット上の掲示板などに載っており，それをよく読んでいました。

私が法人税法の１年目を受験した後に，その問題を作成したといわれる試験委員について調べてみると，あまり評判がよくありませんでした。そして，翌年も，その試験委員が続投する可能性が高いことなどがネット上では書かれていました。

私は，受験当初，税理士試験の計算問題はその分野に精通した学者などが複数人がかりで作成していると思っていました。ところが，実務家が１人で作成しているということを，この時にはじめて知ったのです。

なお，2021年度から，試験委員の体制が大きく変わったようです（増員，４年目，再任等）。試験委員に合わせた対策を考える必要はないですが，調べものついでにそういった情報もチェックしておくと何かの役に立つかもしれません。

▶消費税法へ舵を切る

確かに，その年の法人税法の試験では，問題文がわかりにくい部分もありました。そのため，自分の中の合格できる要素を考えた時に，**問題との相性（運）の部分が大きくなるのはできれば避けたい**と思いました。

さらに，法人税法の試験後に第二子の妊娠が判明し，翌年４月に出産をすることがわかっていました。そのため，２年目とはいえ，範囲の広い法人税法を受験することはリスクが高く，比較的範囲の狭い科目を選択すべきだと考えました。

そこで，次の年の受験科目として選択したのが，**消費税法**でした。

学習予定としては，出産前（４月上旬）までに総合問題（基礎編）を終えていることとしました。さらに，産後１か月ほどで勉強に復帰できる体調になっていることを目安として，その年の本試験を受けるかどうかを決めることにしました。そうして，法人税法１年目の本試験を終えた９月からは，法人税法の学習はせず，消費税法の学習に着手しました。

Column

試験会場に持って行ったモノは？

受験票，電卓，筆記用具の最低限必要なもののみ持って行きました。ものさしやホチキス，また数年前から解禁されたペットボトルや修正テープも試験中は使わないと判断しました。

●最低限必要なモノだけ

最初の年の簿記論の試験だけは夫に車で送ってもらったのですが，平日朝のため通勤時渋滞にはまってしまい，あわや遅刻という事態になりました。その翌年からは，試験会場へは毎年電車＋徒歩で行くようにしたので，荷物が重くならないように気をつけていました。最低限必要な受験票，筆記用具（ペンと消しゴム），電卓（予備も含め２個）を鞄に入れ，あとは直前の見直し用にまとめノートを持って行ったぐらいです。

私の受験当時は，ホチキスを持参し，解答用紙を一度バラして提出前にホチキス止めをする人もいたようです。しかし，私としては，バラしてしまうと解答用紙の順番がわからなくなってしまうのではないかとの不安や，理論の第一問から順番に解いていくようにしていることから，ホチキスを持って行くことはありませんでした。

なお，2021年度（第71回）試験から，ホチキスの持込みは認められなくなりました。

●ペットボトルと修正テープは不要と判断

また，数年前からペットボトルや修正テープの持込みも解禁され，その２点を持って行く方も多いかと思います。私はというと，ペットボトルは会場までの道中の水分補給ぐらいにしか考えておらず，試験中は２時間目一杯集中したいので途中で水分補給をすることはないだろうと思っていました。

修正テープについても，訂正することになってもよいように小さめな文字で書くようにしていましたし，（解禁が最後の試験の年だったので）慣れないことをしても仕方がないと思っていたので，こちらも持って行くことはしませんでした。

●それまでの頑張りの象徴，お守り

さらに，税法科目に合格した年を思い返すと，合格祈願のためのお守りも鞄の中に入れていました。相対試験である税理士試験においては，多少の運も合否を左右する要因になると思うので，初詣の時に絵馬を書いたり，試験前にお守りを買いに行ったりしました。もちろん，それまでに勉強を精いっぱい頑張ることが大前提で，お守りは試験会場に向かう自分への最後の後押しという程度にしか考えていませんでした。

最後の年には夫や上司もお守りを買ってくれました

第 5 章

法人税法・消費税法の 2 年連続不合格から 2 科目同時合格へ

Q 2年連続で税法科目が不合格だった時の心境は？

A 自分で設定したタイムリミットを考えたら「やばい…！」と思いました。そして，ようやく「簿記論・財務諸表論の上位10％と税法の上位10％では全く質が違う」ということを実感しました。

▶手ごたえのあった消費税法

法人税法が自分の中ではあまりできなかった感覚でしたが，結果としてA判定はもらえたので，その次の年の消費税法も同じ感覚で試験を受けに行きました。法人税法ほどできなかったとは思いませんでしたし，実際解答は全部埋められて，自己採点もボーダー前後ではあったので，正直言って受かっていると思っていました（正直，自己採点が甘かったところもあると思います）。

試験後の9月からは法人税法の勉強を再開していましたし，次の年は「法人税法に絞って絶対に合格する！」と思っていたので，**年末に不合格の通知を見た時は一瞬頭が真っ白**になりました。

▶自分で決めたリミットが迫る

29歳で税理士試験を受け始めたので，4回試験を受けて当時32歳。この時点での合格科目数は半分の2科目（しかも簿記論・財務諸表論のみ）。**「35歳までに4科目合格していなければ税理士を諦める」というリミット**。さらに，当時4歳（年少）の上の子が小学校に入るまで，つまりあと2年で，できれば官報合格したいという目標を考えると，「これはやばい…」と思いました。

消費税法は受験者数が多く，初の税法として選択する人もかなりいるという情報は得ていました。その中で上位10％に入ることはそこまで難しくないだろう，というのが私の当初の消費税法に対するイメージでした。

しかし，やはりそこは税法。簿記論・財務諸表論の上位10％に入った人の中で，さらに上位10％に入らなければならないと考えると，私の考えは甘かったんだなぁと痛感しました。

それでも，４月から５月の半ばまで産前産後で全く勉強のできない期間もあったわけですし，その中でA判定が取れたのだから，とりあえず自分を褒めてあげよう，とは思いました。

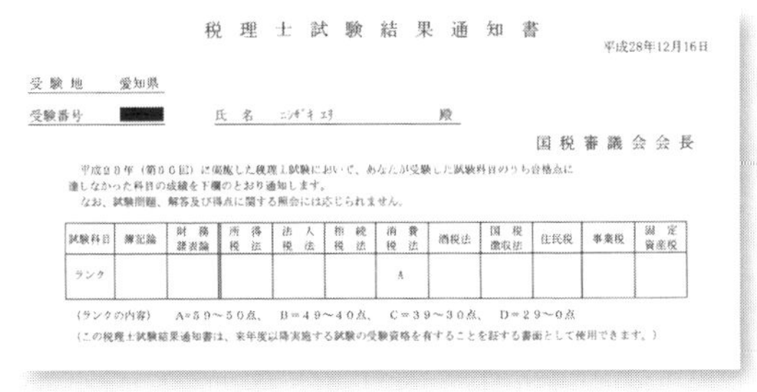

税理士試験結果通知書

平成28年12月16日

受験地　愛知県

受験番号

氏名　ﾆｼｻﾞｷ ｴﾘ　殿

国税審議会会長

平成２８年（第６６回）に実施した税理士試験において，あなたが受験した試験科目のうち合格点に達しなかった科目の成績を下欄のとおり通知します。

なお，試験問題，解答及び得点に関する照会には応じられません。

試験科目	簿記論	財務諸表論	所得税法	法人税法	相続税法	消費税法	酒税法	国税徴収法	住民税	事業税	固定資産税
ランク						A					

（ランクの内容）　A＝５９～５０点，　B＝４９～４０点，　C＝３９～３０点，　D＝２９～０点

（この税理士試験結果通知書は，来年度以降実施する試験の受験資格を有することを証する書面として使用できます。）

消費税法A判定の結果通知書

Q 不合格の敗因分析は？

A

計算問題に時間をかけたため理論暗記にまで手が回らなかったことと，理論のアウトプットの精度を上げるためにはキーワード暗記では足りないと考えました。

法人税法のA判定，消費税法のA判定を受けて，まず，**おそらく計算はボーダーに乗っているだろう**とは思いました。つまり，両科目ともに共通して言えるのは**理論の精度だろう**，という想定はつきました。

というのも，計算問題は市販の問題集を解く中で，目標時間や目標点数との兼ね合いから自分の実力がどの程度なのかを測ることが可能です。少なくとも消費税法に関しては，ある程度その目標に到達できていました。

しかし，計算問題を解くことに自分の限られた勉強時間を目一杯使ってしまい，**理論暗記の時間は十分に取ることができていませんでした**。とはいえ，計算問題を解けるようになることが試験合格への第一歩なわけですから，それを後悔してはいません。

また，私はそれまで「キーワード暗記」で理論暗記をしていたので，いわゆる**「ベタ書き問題」の点数が悪いのだろう**と考えました。消費税法は理論問題のうち１問がベタ書き問題なので，このベタ書き問題で高得点を取るには**一言一句レベルで正確に書くことが必要**で，そのためには『理論マスター』の丸暗記をしなければなりません。

なお，この「ベタ書き」という言葉は，税理士試験受験生であれば当たり前に使っていると思います。しかし，私は受験生がネット上で使っているのを見て，最初は全く意味がわかりませんでした。法学部の試験や司法試験だと解釈や事例問題が中心です。条文を丸々書き，その精度で勝負する「ベタ書き」問題は税理士試験独特のもので，それに対する対策（暗記方法）は早く確立させないといけない，と思いました。

Q やっぱり予備校や大学院に行こうとは思わなかった？

A 不合格の敗因が「理論」だとすると，理論暗記は自分の努力次第なので，このまま独学でいこうと思いました。大学院はこの時点では全く選択肢にありませんでした。

試験の結果がＢ判定以下の不合格であれば計算問題にも不足があったということなので，独学では合格できないと判断したかもしれません。ですが，法人税法・消費税法ともに**Ａ判定という結果を得たことで，逆に計算問題の対策としては間違っていないという確信が得られました**（もちろん，時間の短縮が正答率を上げるといった課題はありましたが）。

そして，理論問題に不足があるとすれば，やることは理論の丸暗記ただ１つです。暗記の対象である条文は市販でも手に入る『理論マスター』に載っているわけですから，あとは自分の努力次第です。

私が予備校に求めるのは，テキストの内容の補完であり，問題を解くテクニックではありません。**テキストの内容が理解できて，計算問題が解ける以上は予備校に通う必要がない**という考えは，この時点でも一貫して持っていました。ですので，２年目も独学でいこうというのはすんなり決まりました（お金と時間がないという一番の理由も，依然としてありました）。

また，大学院へ通うという選択肢も税理士になるためにはあったかとは思います。しかし，このルートだと予備校に通う以上に，お金や時間が必要になりそうでした。また，自分は「テストでいい点を取りたい」というのが昔からのモチベーションだったので，**「官報合格で税理士になる」という目標は，最後の最後まで持ち続けよう**と思っていました。最後の１科目がどうしても取れない，といった状態になれば大学院という方向も考えたかもしれませんが，少なくとも子供が小さいうちは行かなかっただろうなぁと思います。

Q 税法2科目同時受験に抵抗はなかった？

A

抵抗はもちろんありましたが，育休中であったことや，相対試験であることなど，いろいろな要素を考えた上で「受かる可能性があるなら受けてみよう」と思いました。

できる，やろうと考えた理由

もともと1年で2科目を受ける予定がなかったので，不合格通知を受け取った時は，正直「どうしよう…」と思いました。法人税法の勉強はすでに再開していましたが，ボリュームを考えると法人税法だけに集中したほうがよいのではないか，ここに消費税法の勉強をプラスして両方とも中途半端になり2科目とも不合格になったらどうするのかなど，いろいろなことが頭をよぎりました。

結局は法人税法・消費税法の2科目を受験することになったのですが，この時**「できる」「やろう」**と考えたのにはいくつか理由がありました。

まず1つ目は，消費税法を受験したのは第二子を出産して3か月後だったので，不合格通知を受け取った時は育児休業中で仕事はしていませんでした。0歳の赤ちゃんは当然いましたが，よく寝てくれる子でしたし，2人目という育児への余裕もあり，**昼間の勉強時間は十分に取れていました**。

2つ目は，法人税法・消費税法ともに，理論暗記という明確な不足部分がわかっていたことです。もちろん計算問題も正答率を上げなければならないので，アウトプットを1年目以上にやっていくことが必要ではありました。しかし，理論暗記はまとまった時間が取れなくてもできるので，**時間をうまく使ってその両方をこなすことは可能だ**と考えました。

3つ目は，試験問題との相性や運もあるということです。ここで仮に1科目に絞って徹底的に勉強をしたとしても，**問題との相性が悪く点を落と**

すということは十分に考えられます。その年の合格率がたまたますごく低いということもあるかもしれません。もちろん，その逆もあります。

絶対評価といいつつ，結局は相対評価の試験ですから，そういった要素を考えると，**「ボーダー程度の実力があるなら受けるに越したことはない」**という結論に至りました。

２科目受験のために自分へ課した条件

以上の理由から２科目受験をすることになったのですが，ここでも１つ自分に条件をつけました。

それは，**育休が終わるまで（翌年の３月まで）に，２科目とも個別問題集を全問正解状態にすることです**。

そうでなければ，４月（仕事復帰）以降はそれまでと同じように勉強時間が取れなくなるため，計算・理論ともに本試験までに十分な実力をつけることは不可能になると考えました。この条件がクリアできなければ，４月以降はどちらか１科目に絞るつもりでした。

このようなことを，不合格通知を受け取ったその日のうちには考えていました。ただ，それ以上に，実は一番のやる気の後押しとなったのは，職場の上司（税理士）からの「（法人税法・消費税法の２科目は）**無理だからやめとけ**」という一言でした（もちろん，心配してくれての発言です）。

我ながら本当に負けず嫌いだなぁと，当時の自分には呆れてしまうのですが，その言葉を受けて**「無理じゃないことを証明してやる！」**と闘志がメラメラと燃え上がってしまったのでした。

Q 法人税法の理論はどのように暗記した？

A

インプットのためにスマートフォンに録音をして，何度も声に出しました。アウトプットにはタブレットとキーボードを用意して，ベタ書きや『理論ドクター』の解答を打ち込みました。

▶スマホの録音アプリを活用

理論対策として丸暗記が必要であることはわかりましたが，それまで丸暗記というのをあまりしたことがありませんでした。その方法を考えた時に，まず思いついた（というか，方法としてメジャーだと思った）のが，**「音声録音」**でした。スマートフォンの録音アプリを使って，音声を条文ごとに録音すればよいのだ，と。

ちなみに，『理論マスター』のCD版が市販されていることは知っていましたが，こういうのは**自分の声でまず発声するから意味がある**のであって，プロの流暢な音声をただ聞くだけでは頭に入らないだろうと思っていたので，購入は考えませんでした。

▶何度も声に出すことが大切

実際に音声入力をしてみて，効果があると思ったのは，やはり**「何度も声に出す」**ことです。一度でミスなく読めるほど音読が得意ではないので，途中で間違えたり噛んだりする度に，もう一度，もう一度と，結局は何度も繰り返し読むことになります。この時点で暗記の程度としては半分ぐらい達成されているのではないかと思います。

録音時に風邪気味だったりすると鼻声の音声になって，後で聞いたときに「この時，風邪気味だったなぁ」など，当時の状況とともに記憶がよみがえります。

音声入力はとにかく手軽にできるので，暗記方法に悩まれているならば，とりあえずスマートフォンを片手に，理論を音読してみることをおすすめします。

▶タブレットとキーボードで打ち込み

アウトプット対策としては，紙に書くのがベストだと自分では思っています。しかし，それではあまりに時間がかかるので，**時短のために行ったのが「タブレットとキーボードで打ち込みをする」方法**です。

ノートパソコンでなくあえてタブレットにしたのは，持ち運びが簡単であることと，起動が早いからです。また，この方法が紙に書くよりもよい点は，時間がかからず手が疲れないことと，タイピングの速度にもよりますが，頭の中で条文を復唱するのと同じスピードで文章が打ち込めることです。

手書きだと，どうしても頭で思い起こすスピードよりも遅くなるので，頭のほうをいちいち止めなければなりません。しかし，タイピングならそういうこともなく，自分がきちんと暗唱できているかを確かめながら進めることができます。とはいえ，漢字の書き間違いなどがあってはいけないので，**試験直前には手書きでアウトプットをして確認してみることは必須**です。

なお，法人税法の理論は膨大な量なので，用語の意義およびその用語を含む条文を重点的に覚えました。特に，外国関係の理論はよく似た用語が出てくるので間違えないよう意識しました。また，本試験の当日には，スマートフォンに録音した条文を一通り再生して，イヤホンで聴きながら試験会場に向かいました。

Q 法人税法の計算問題を解くコツは？

A

なるべく文章を図式化して視覚的に覚えられるようにまとめノートを作りました。まとめノートは新しい計算問題を解く度に不足部分がないかを見直して，アップデートしていきました。

▶問題を解きながら理解を深める

これまでも何度か述べてきたとおり，私はインプットの際にテキストと個別問題の解答・解説，さらにはネットの情報などもあわせて，それらを行ったり来たりしながら問題を解くことで，理解を深めていくようにしていました。そして，それを何度か繰り返しているうちに，最低限覚えておくべき公式や，問題の中でヒントとすべきキーワードが見えてくるようになります。

そして，ある程度頭の整理ができた段階でまとめの図や表を自分で作ってみます。その図や表をもとに，また別の問題を解き，自分の理解に誤りはないか，不足している部分はないかを考えて，図や表の訂正や補足をします。

▶自分の手で・自分の言葉で書く

図や表を自作するといっても，結局はテキストやネットに載っているものと似たようなものになることがほとんどですが，それでも**「自分の手で・自分の言葉で書く」という過程が大事**だと思います。時間はかかりますが，録音暗記と同じように，作る段階でインプットの５割ほどは達成できます。

図や表にするのは，なるべく視覚的に覚えられるようにすることで，

「この表の真ん中の上のほうに書いた式はなんだっけ」という風に思い出すことができます。これは自分で作るからこそできることだと思います。

もちろん，出てくる論点すべてにおいてこの作業をしていると時間がいくらあっても足りないので，個別問題を解いていく中で，なかなか解けない論点に絞って作りました。

まとめノートは綺麗に作る

このまとめノートを作る際に心がけていたのは，**「誰かに見せるつもりで作る」**ことです。自分のためのまとめノートなので殴り書きでもよいかもしれません。しかし，誰かに教えられる・見せられるレベルを目指して作ると自分の理解が曖昧な部分が浮き彫りになります。

学校の勉強でも，自分は理解したつもりでも友達に説明しようとすると意外とできなかったりしますよね。そのため，見た目にも気を配り，後で見返した時に「綺麗なノート」と思えるように作りました。

問題集などは試験後にすべて処分しましたが，まとめノートだけは大事にとってあり，今でもたまに見返したりしています。

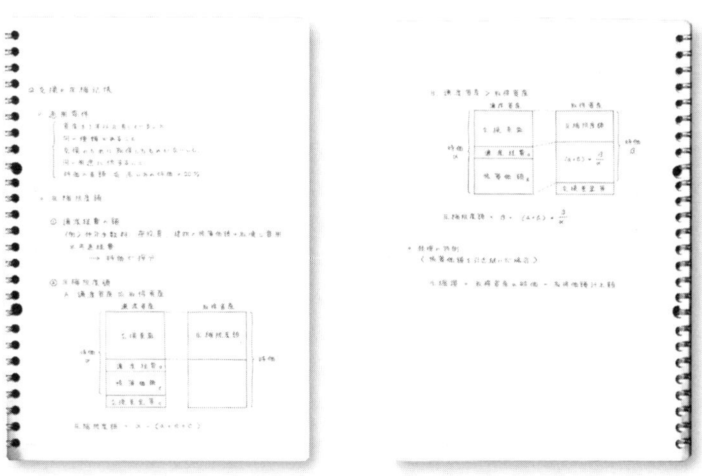

実際に作っていた「まとめノート」

Q 法人税法の改正点はどのようにフォローした？

A 書籍の出版元サイトで改正部分の改訂ページが公開されていたので，印刷して該当ページに貼り付け，まとめノートを改訂しました。実際に問題を解いて確認できないことだけが痛いところです。

税法は毎年，改正が行われています。税理士試験は例年４月上旬に試験公告があり，それを基準日とした法令に基づいて出題されます。そのため，受験生は８月の本試験までの短期間で改正点をフォローする必要があります。

正直なところ，１年目の時は税法の改正まで手が回りませんでした。その年は法人税率の引き下げがあったのですが，試験前に発売される予想問題集（税制改正に対応しているもの）を解いた時に，はじめて改正があったことに気づいたぐらいです。

法人税法のリベンジの際には，５月頃に書籍の出版元サイトに法改正情報のページが更新されるということがあらかじめわかっていました。しか

税制改正の一般的な流れ

12月中旬	税制改正大綱の公表
1月	通常国会で法案審議スタート
3月末	改正法案成立・公布
4月	〃　施行
6~7月	財務省HPなどで税制改正資料が公表
8月	税理士試験

し，その年（平成29年度）の税制改正では，研究開発税制の見直しと所得拡大促進税制の見直しが主要な項目だったので，理論で問われることはないだろうと踏みました。また，消費税法との２科目受験で時間がなかったのもあり，改正点のフォローは後回しにしていました。結局，７月頃になってから，改正情報のページを印刷して，『理論マスター』の該当ページに貼り付けました。

それから，国税庁のホームページに載っている税制改正のパンフレットや個人の解説サイトを見ながら，以前に自分で作ったまとめノートの図や表をアップデートしました（研究開発税制については一から作り直すほどの大きな改正でした）。本当はこれにあわせて個別問題も解きたかったところですが，予想問題にもあがっておらず，本試験までに実際の問題で対策することはできませんでした。本試験ではこの改正点の出題はなかったので，結果的に影響はありませんでしたが，綱渡りな状態でした。

この点においてはやはり予備校のフォロー体制に軍配が上がるところだとは思います。というよりも，私の改正点に対する意識の低さのほうにむしろ問題がありましたので，実際には独学でも十分に対策は取れるかと思います。

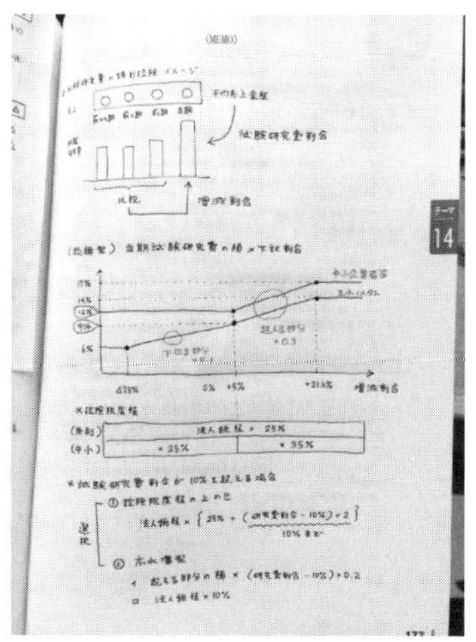

改正試験研究費のまとめ

Q 消費税法の理論はどのように暗記した？

A

消費税法の理論は，計算とリンクさせながらインプットすることで両方の理解が深まります。一言一句レベルの暗記をより意識しました。

▶理論と計算はリンクする

消費税法の理論は法人税法の理論より量は少ないため，試験合格のためにはより正確性が求められます。また，消費税法は他の税法と比べて圧倒的に新しい法律です。そのため，下位の法令（施行令や施行規則）に詳細を委ねる事項（条文でいうと，「必要な事項は，政令で定める」「政令で定めるところにより計算した金額」といった文言）が少なく，本法だけでほぼ成立している法律といえます。

つまり，他の税法と違って理論で覚えるべき事項と計算方法についての暗記事項が異なるといったことはなく，**消費税法の規定を暗記すれば，そのまま計算問題に必要な事項もインプットできる**のです。

▶声に出すことで細かい表現の違いに気づいた

私はこのことについて１年目には全く気がついていませんでした。不合格の結果を受けて，キーワード暗記では足りず「理論問題は一言一句レベルの暗記でないと合格レベルに達しない」と考え，法人税法と同様に音声アプリへの録音により理論暗記をすることにしました。

何度も条文を声に出していく中で，日付に関しての表現などが条文によって細かく変化していること（初日の前日，１年前の日の前々日など），その１日の違いで，納税義務などの計算結果が全く変わってしまうということを，２年目にしてようやく実感したのです。

１年目は計算方法（公式）の暗記ばかりに気を取られてしまい，その基となる条文の表現は疎かにしてしまっていたのです。

計算で間違えたら理論を同時に復習する

理論のアウトプットは法人税法と同様にタブレットでの打ち込みをしていました。条文の構造とその意味を考え，理論と計算を行き来しながらの学習を心がけることで，どちらも理解を深めることができました。

また，総合問題を解くようになった頃には，**計算で間違えたら，その計算に関連する条文を一度書き出す**ことで，条文と計算の両方を同時に復習し，効率性を高めました。ここでは直前期ということもあり，手書きで復習していました。

理論のアウトプット対策として，
タブレットとキーボードで打ち込みをした。

Q 消費税法の計算問題を解くコツは？

資格の大原の仮計表を書く方式と，TACの問題文に直接書き込む方式との“いいとこ取り”をした「ハイブリッド方式」を考案。計算用紙を活用して，総合問題の時短に成功しました。

▶専門学校によって解き方に違いがある

法人税法の受験までは，主にネットスクールのテキスト・問題集とTACの問題集とを使っていたのですが，消費税法の１年目の勉強では資格の大原の問題集を使っていました（値段が多少安かったとか，大原も使ってみたいと思った，というぐらいの理由ですが）。

資格の大原は，総合問題集で**「仮計表」**（課税区分をまとめた表）を作る方式を取っており，それに倣って私も仮計表を作って総合問題を解いていました。しかし，大原方式だと売上も仕入も仮計表に転記するため，転記ミスがしばしば起こったことと，総合問題の目標時間がクリアできないという課題がありました。

その後，消費税法の不合格を受けてリベンジする際はTACの問題集を使ってみたのですが，TACは問題文に課税区分を**直接書き込む方式**を推奨していたらしく，解答に仮計表は載っていませんでした。

法人税法を勉強する上では気づかなかったのですが，ここで**「問題の解き方には予備校によって違いがある」**ということを知り，少なからず衝撃を受けました。

▶オリジナルの「ハイブリッド方式」を確立

消費税法のリベンジにあたり，総合問題をどのように解けばよいかと悩みました。基本となる売上区分（課税・免税・非課税・不課税）は間違えると芋づる式に大幅減点となるためきっちり整理したい。一方で，仕入区分はミス削減と時短を図りたい。この２つの目的を同時に達成するために，「売上区分は計算用紙に仮計表として整理し，仕入区分は問題文に直接書き込む」という，大原方式とTAC方式の**“いいとこ取り”をした方式**をとることにしました。

自分としてはこれが大当たりし，目標時間内に転記ミスなく解くことができるようになりました。私はこの方式を**「ハイブリッド方式」**と勝手に名付け，本試験でも自信を持って総合問題を解くことができました。

このように，予備校による解き方の違いを分析した上で，**自分に合っている方式を考え，時には自分なりにアレンジすることができたのは，独学ならではだ**と思います。

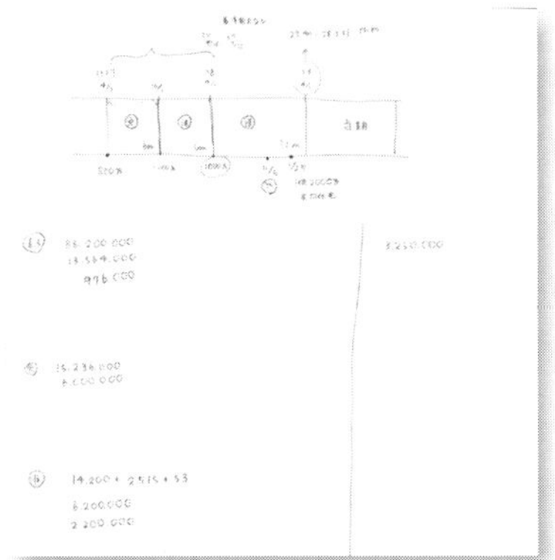

ハイブリッド方式①
売上区分は計算用紙に仮計表として整理する。

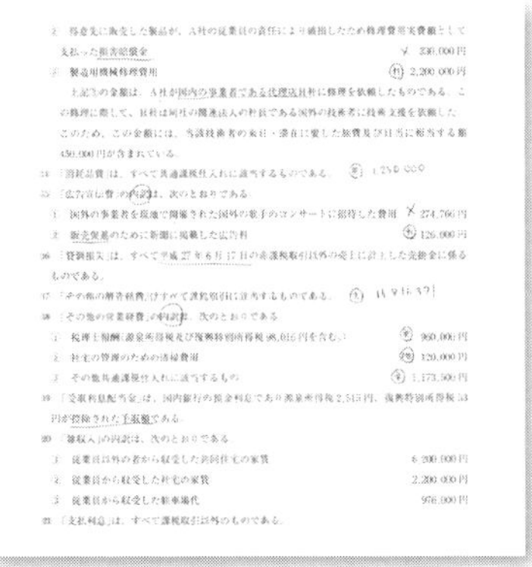

製造用機械修理費用　2,200,000円

「消耗品費」は，すべて共通課税仕入れに該当するものである。

「広告宣伝費」の内訳は，次のとおりである。

① 国外の事業者を媒体で開催された国外の歌手のコンサートに招待した費用　274,760円

② 販売促進のために新聞に掲載した広告料　126,000円

「貸倒損失」は，すべて平成27年6月17日の非課税取引以外の売上に計上した売掛金に係るものである。

「その他の営業経費」の内訳は，次のとおりである。

① 税理士報酬（源泉所得税及び復興特別所得税98,016円を含む。）　960,000円

② 社宅の管理のための清掃費用　120,000円

③ その他共通課税仕入れに該当するもの　1,173,500円

「受取利息配当金」は，国内銀行の預金利息であり源泉所得税2,515円，復興特別所得税53円が控除された手取額である。

「雑収入」の内訳は，次のとおりである。

① 従業員以外の者から収受した共同住宅の家賃　6,200,000円

② 従業員から収受した社宅の家賃　2,200,000円

③ 従業員から収受した駐車場代　976,000円

「支払利息」は，すべて課税取引以外のものである。

ハイブリッド方式②
仕入区分は問題文に直接書き込む。

Q 消費税法の改正点はどのようにフォローした？

A

リベンジの際には，幸い，本試験に影響するような大きな改正はありませんでした。ですが，傾向としては改正されて間もない論点が問われているようだったので，前年の改正点を重点的にインプットしました。

平成29年度に消費税法の２回目の試験を受けました。もともとその年に予定されていた税率引上げ，および軽減税率の導入が延期されたこともあり，幸いにも本試験に影響するような大きな改正はありませんでした。そのため，税制改正に伴う『理論マスター』の改訂もなかったので，改正点のフォローはせずに済みました。

しかし，税理士試験の理論問題の傾向としては，改正から間もない論点や，政治的に話題になっている論点が問われやすいと思われます（当時は理論問題担当の試験委員が国税庁の専門官であると推定されていて，そのことを考えると，当然といえば当然かもしれません）。実際に，１回目（平成28年度）の本試験でも，改正されたばかりの電気通信利用役務の提供が絡む理論問題が出題されていました。

この傾向は今後も続くはずだと考え，２年目の対策として，前年度の改正点（電気通信利用役務の提供や高額特定資産など）は，理論でも計算でも出題されやすいのではないかと思い，重点的にインプットしました。

なお，国税庁のホームページの質疑応答事例も，改正に応じて随時改訂されます。直前期には，新しくアップされた事例がないかどうかをチェックするようにしていました。

Q 税法２科目同時学習で意識したことは？

A

総合問題は１日おきに１科目ずつ交互に解くようにしました。理論については似た理論も多かったため，違いを意識しながらインプットを行うことができ，それによる相乗効果も得られました。

税法２科目を同時に学習することにした最初の３か月間（１～３月）は育児休業中だったので，１日に３～４時間の勉強時間を取ることができました。その間は法人税の個別問題，疲れたら消費税の個別問題，また疲れたら次は理論の録音と，勉強の息抜きに別の勉強をする，といったやり方をしていました（もちろん，赤ちゃんのお世話により度々中断されるわけですが）。

復職後は１日に総合問題を１問解く時間を取るので精いっぱいでした。ですので，今日は法人税法の総合問題，次の日は消費税法の総合問題と，１日おきに１科目ずつ交互に解くようにしました。**結果的に，毎日同じ科目をやり続けるよりも新鮮な気持ちを保てた**と思います。

まとまった勉強時間はすべて計算に費やしたため，理論はスキマ時間を利用してインプットとアウトプットを行いました。法人税法と消費税法は似た理論が多く（延払基準・工事進行基準や信託・更正など），その論点については同時にインプットをすることができました。また，法人税法では事業年度という用語しか出てきませんが，消費税法では課税期間と事業年度という２つの用語が出てきます。同時に勉強したことでこれらが区別して使われているということが意識しやすかったです。このように，**類似点や相違点を見つけることによって理論の理解が深まった**ように思います。

このようにバランスよく勉強したつもりでしたが，どうしてもボリュームの多い法人税法の計算と理論に多く時間を費やしてしまいました。**今思えば消費税法の理論にもっと時間を割くべきだったな**，と反省しています。

Q　２年目ならではの勉強のコツは？

A

新たな発見や気づきもあるため，苦手部分の補充のみと考えず，一からやり直すつもりで始めました。その時，小さくてもよいので自分の成長点をどんどん見つけましょう。

自分の成長を素直に褒める

一度不合格となって，もう１年同じ科目をやるというのは精神的にしんどいものです。ですが，「２年目だから苦手なところだけやろう」とか，「１年目では押さえられなかった論点から始めよう」といった勉強方法をとるのではなく，**「新鮮な気持ちで一からやり直す」**つもりで２年目以降の勉強をすることをおすすめします。

私も個別問題を最初から解き直してみると，当然ながら忘れていることのほうが多かったです。しかし，たとえば法人税法でいえば減価償却の計算がスルっとできたとか，消費税法でいえば非課税の判定がテキストを見なくてもできたとか，１年目の同じ時期にはできなかったことが必ずできるようになっているはずです。この時，「できた！」「私，すごい！」と**素直にその成長を褒めました**。

新鮮な気持ちで素直にテキストを読む

法人税法は１年，消費税法は４か月と，リベンジまでに**多少なりともブランク期間を置いたのもよかった**と，今では思います。ブランクがあったおかげで，「また同じのを読むのか〜」という気分にならず，多少なりとも新鮮な気持ちでテキストを読むことができました。

そうすると，１年目では全く理解できなかった部分が不思議と理解できるようになっていたり，逆に理解したつもりだったところが意外とわかっていなかったことに気づいたりしました。

不合格という結果にはなったものの，１年目で一通りの論点を勉強していたことはちゃんと残っています。その結果，個別の論点を俯瞰的に見られたり，他の論点とのつながりをより意識しながら読めたりするようになったということだと思います。

楽しくやり遂げた２年目

このように**「自分の成長」**や**「新たな気づき」**を感じることにより，２年目の勉強はとても楽しくやり遂げることができました。単純に点数が上がる喜びというのもありますし。その結果，２年連続の不合格から法人税法・消費税法の２科目同時合格を果たすことができました。

複数年にわたり，同一科目を受験することの多い試験ですから，２年目以降にどのようなモチベーションで勉強していくかは大きなポイントになると思います。

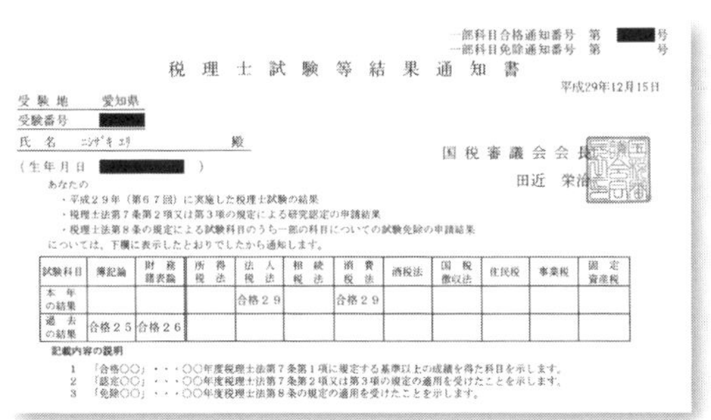

一部科目合格通知番号　第　　号
一部科目免除通知番号　第　　号

税理士試験等結果通知書

平成29年12月15日

受験地　愛知県
受験番号
氏名　ﾆｼｻﾞｷ ｴﾘ　殿
（生年月日　）

国税審議会会長
田近　栄治

あなたの
・平成２９年（第６７回）に実施した税理士試験の結果
・税理士法第７条第２項又は第３項の規定による研究認定の申請結果
・税理士法第８条の規定による試験科目のうち一部の科目についての試験免除の申請結果
については，下欄に表示したとおりでしたから通知します。

試験科目	簿記論	財務諸表論	所得税法	法人税法	相続税法	消費税法	酒税法	国税徴収法	住民税	事業税	固定資産税
本年の結果				合格２９		合格２９					
過去の結果	合格２５	合格２６									

記載内容の説明
1　「合格○○」・・・○○年度税理士法第７条第１項に規定する基準以上の成績を得た科目を示します。
2　「認定○○」・・・○○年度税理士法第７条第２項又は第３項の規定の適用を受けたことを示します。
3　「免除○○」・・・○○年度税理士法第８条の規定の適用を受けたことを示します。

法人税法・消費税法に同時合格の結果通知書

Column

使っていたボールペンは何？

いろいろと試した結果，ジェットストリームの0.5mmが細かい文字もスラスラ書けて，好きな書き味でした。普段の勉強から試験本番まで使えるように，多色ボールペンを使っていました。

●手になじむボールペン

税理士試験を受ける方の多くは，試験で鉛筆を使えないということに最初驚かれるのではないかと思います。私は大学時代，法学部の試験はすべてボールペンで受けないといけなかったので，それに対する抵抗はありませんでした。

ただ，大学の試験と違い，税理士試験は普段の勉強も含めると，本当に大量の文字を書くことになります。手になじむペンを見つけることは，勉強を進めていく上でも重要なことだと思います。

最初は家にあるペンを使っていましたが，普通の油性ボールペンだとかすれてしまい，細かい字が書き辛く感じていました。文房具売り場に何軒も出向き，いろいろ試してみた結果，ジェットストリームのインクが一番スラスラと書けてかすれることもなかったので，これなら長文の理論を書いても疲れにくいのではないかと思いました。ボール径は0.5㎜のものが太すぎず，細すぎずで，私にとってちょうどよい太さでした。

●自分のクセに合わせる

あと，ペン軸が細いと握りこんでしまうクセがあるため，黒・赤・シャープペンシルの多色ボールペンを選びました。これは，ペン軸を太くするという理由だけでなく，黒・赤・シャープペンシルがあれば，普段の勉強から本試験まで同じペンを使い続けることができるからです。

普段の勉強では，基本的にシャープペンシルと赤ペンを使っていました。同じ問題集を２，３回は解くため，問題への書き込みも解答もシャープペンシルで行い，終わったら消して，を繰り返していました。また，本試験ではシャープペンシル

（計算用紙へのメモと問題へのチェック用）と黒ペンを切り替えながら解きました。

なお，税理士試験では青ペンを使われる方が多い印象ですが，私は 7 年間，黒ペンしか使いませんでした。理由としては，大学時代から当たり前に黒ペンを使っていたこと，青ペンが多数派なのであればむしろ少数派でいこうと思ったこと，が挙げられます。インクの色は特に合否には関係ないな，というのが今の実感です。

使っていたジェットストリームのボールペン

第6章

いよいよラスト科目！
相続税法2回受験で
官報合格を達成!!

Q ラスト1科目に相続税法を選んだのはなぜ？

相続税法は税法に興味を持ったきっかけの税法だったので，最後の科目は相続税法と決めていました。高レベルな戦いであることは知っていましたが，だからやめようとは思いませんでした。

税理士を目指すきっかけの税法

法人税法と消費税法の２回目の受験を終え，自己採点の結果としては２科目ともボーダー超え確実未満でした。確実ラインの点数を超えていたら悩むことなく次の科目へ進めたとは思います。しかし，仮に不合格だったとしても，合格発表後に勉強を再開すれば十分間に合うということは経験上わかっていました。ですので，合格発表までの４か月間はその２科目の勉強は一切せず，**残り１科目の勉強のみに集中しよう**と決めました。

その残りの１科目を相続税法にするということは，税理士試験の勉強を始める前から考えていました。「**５科目（官報）合格を目指すのだったら，最後の科目は相続税法で決めたい**」と。

それは，相続税法が税理士を目指すきっかけとなった税法であることや，大学時代に民法は一通り学んでおり相続法の基礎知識があらかじめある状態で臨めるということ，さらには，税理士となった時に「**相続の知識があることを強みにしたい**」という希望（野望？）があったこと，が理由として挙げられます。

猛者ぞろいの相続税法

ただ，相続税法の受験について検索すると，「**相続税法は合格するのが**

難しい」という意見が大半でした。それは，私と同じように税理士試験の最後の１科目として選択する人が多い，つまり**税法科目の合格経験がある猛者ぞろい**なので，他の税法に比べて高レベルの争いになる科目だということです。実際，知り合いの先輩税理士は，相続税法を４回受験してようやく受かった，と言っていました。

ですが，私の性格上，厳しい意見を言われると，逆にチャレンジ精神が湧き上がってきてしまうのもあって（税法２科目同時受験の時も然り），そういった意見を踏まえても，相続税法の受験をやめようなどとは思いませんでした。

▶やりたい科目でないと前向きに頑張れない

それだけではなく，私が孤独な受験生活を送る中で，確信を持って言えるのが**「興味・関心のある科目でなければ絶対に完走できない」**ということです。法人税法や消費税法は実務上，担当を持って決算申告をやる上では絶対に必要な科目です。実際に，実務をやりながら受験勉強をすることで両方によい効果があったので，**「大変だけど面白い」というモチベーションを持ち続けることができました**。

最後の１科目ともなると，「受からなければ」というプレッシャーも出てくるでしょう。そのような後ろ向きな気持ちで勉強をしないためにも，「やりたい科目をやろう」と，相続税法の勉強に着手しました。

余談ですが，法人税法・消費税法のどちらか（あるいは両方）が不合格だったら，その時点で不合格科目に切り替え，相続税法の受験は次の年に延ばそうとは思っていました（もし消費税のみ不合格であれば，相続税法の進捗次第で再び２科目受験にチャレンジしていたかもしれませんが)。結果として，運よく２科目とも合格していたので，これで相続税法のみに集中できると，それはそれは嬉しかったのを今でも覚えています。

Q 相続税法の１年目はどのように勉強した？

A

それまで同様，テキストと問題集を行ったり来たりの勉強法ですが，財産評価のパターンが多岐にわたっていて，覚えるのが大変でした。条文はかっこ書きが多く，音声入力による暗記ができませんでした。

▶計算パターンと長い条文に苦戦

相続税法のテキスト・問題集もネットスクールから出版されているので，ネットで順次購入しました。既に述べた通り，基礎導入編が９月，基礎完成編が10月，応用編が12月発売です。

それまでと同様に，テキストと問題集とを行ったり来たりしながら計算のインプットを行いました。ただ，相続税法の特徴として，計算問題のメインとして財産評価があります。その財産評価においては論点同士のつながりがあまりないため，多岐にわたる評価のパターンに従い，個々に計算方法を覚える，という地道なインプットの作業が辛かったです。その計算方法も，ある評価では八掛けなのに，別の評価では七掛けだったりと，数字が覚え辛く苦労しました。

また，理論においても，前の２科目の反省をもとに，最初から条文の丸暗記にチャレンジしましたが，相続税法の条文は一文がとても長いだけでなくかっこ書きがとても多いのです。しかも，かっこ書きの中にさらにかっこ書き，なんていうことが頻繁にあります。

そのため，**音声入力による暗記ができませんでした**。なので，とにかくタブレットで理論マスターを見ながら条文を打ち込む作業をしたのですが，きちんと覚えられたかどうか不安が残るままでした。

さらに，相続税法の理論問題では総合理論問題（問われる項目に対して関連する条文を列挙し，ベタ書きする問題）が大問の１つとして出題されます。そのため，一言一句レベルの丸暗記に加え，項目ごとに関連条文を挙げられるようにするヨコの暗記も必要となります。

理論暗記が不十分なまま受験

結局，先に学習した法人税法や消費税法の１年目と同様に，**計算を合格レベルにもっていくことに多くの時間を割いてしまい，理論暗記は不十分なまま試験を受けることとなりました**。その結果，総合理論問題で挙げるべき条文を丸々落としてしまい，また計算でも問題文中の重要な指示を見落とすという大きなミスをしてしまいました。その年（2018年度）は，不合格がA～D判定ではなく点数が出るようになった年でしたが，官報には名前は載っておらず，50点での不合格でした。

50点というのは例年であればA判定の範囲なので，法人税法や消費税法の不合格の時と同じではあるのですが，より厳しい現実がつきつけられたような気がしました。A判定から合格までは「あと一歩」と単純に思えたのですが，**「あと10点」というのがとても遠く感じてしまった**のです。

やはり相続税法で上位10％に入るというのは一筋縄ではいかないな，と改めて気を引き締め，理論も計算も今まで以上に精度を上げるべく，勉強を再開しました。なお，試験後から合格発表までの間は実務のために所得税法の勉強をしていたため，勉強再開までに４か月のブランクを経ていました。

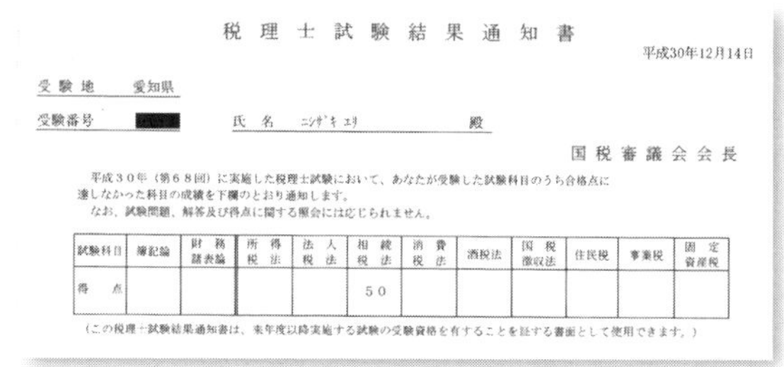

税理士試験結果通知書

平成30年12月14日

受験地　愛知県

受験番号　■■■　　氏名　ニシザキ エリ　殿

国税審議会会長

平成３０年（第６８回）に実施した税理士試験において、あなたが受験した試験科目のうち合格点に達しなかった科目の成績を下欄のとおり通知します。
なお、試験問題、解答及び得点に関する照会には応じられません。

試験科目	簿記論	財務諸表論	所得税法	法人税法	相続税法	消費税法	酒税法	国税徴収法	住民税	事業税	固定資産税
得点					５０						

（この税理士試験結果通知書は、来年度以降実施する試験の受験資格を有することを証する書面として使用できます。）

相続税法の結果通知書

Q 相続税法の個別理論はどのように暗記した？

A

iPadとアプリを使って理論マスターを暗記シート化し，クラウドに保存してスマホからも見られるようにしました。作業時間はかかりましたが，スキマ時間で暗記ができるようになったのでとても重宝しました。

活用した３つのアプリ

相続税法の勉強を再開するにあたり，**タブレットをもっと効果的に使いたい**と考えました。それまでのようにメモ帳に条文を打ち込むだけでなく，何か他に理論対策に使えるアプリがないかといろいろ探してみました。そこで見つけたのが，**Evernote**と**i-暗記シート**，そして**Everword**という３つのアプリです。

まず，個別理論対策として使ったのは**Evernote**と**i-暗記シート**の２つのアプリです。まず，理論マスターの覚える部分に蛍光ペン（オレンジかピンク）で線を引きます。最終的には一言一句レベルで覚えるため，ほぼすべての箇所に線を引きました。そしてEvernoteでカメラを起動してそのページを撮影（スキャン）します。

普通のカメラだと本を持つ手とカメラを持つ手が必要なので１人では撮影し辛いですが，こちらはタブレットをスタンドで自立させておき，タブレット（カメラ）の前で本を持っておけば自動でシャッターを切ってくれます。また，撮影（スキャン）後にトリミングや斜め補正もできるので，綺麗にスキャンすることができて非常に便利です。

次に，i-暗記シートのアプリに撮影（スキャン）した理論マスターのページを取り込み，項目がわかりやすいようタグをつけたり，スマホで見られるようにするためクラウドに入れる作業をします（ここまでをタブレットで行いました）。あとは画面をスライドすれば赤シートのようにマーカーで隠した部分が現れるので，条文を頭の中で復唱しながら画面をスライドしていきます。ページごとに暗記の程度について評価がつけられるので，覚えられないページだけ何度も復習する，といったことも簡単でした。

出だしの表現を意識する

相続税法のような長文の条文を暗記するのは非常に大変でしたが，試験ではまっさらな状態から一言一句を書き出していかないといけないので，**とにかく出だしの表現がきちんと出てくるように意識**しました（なので，マーカーを引く際には必ず文章の出だしは隠すようにしました）。また，最後の表現（「～できる」「～しなければならない」）によって意味合いが全く変わってくるので，その部分は計算ともリンクさせながら覚えるようにしました。

なお，Evernoteは基本無料ですが作成するページ数によって課金が必要なので，暗記シートを作る間（2か月くらい）は課金をしました（ひと月数百円ですが）。暗記シートを作る作業は確かに手間なのですが，この作業を行うことで**スキマ時間の暗記が格段に捗るようになった**ので，私は手間をかけてよかったと思っています。

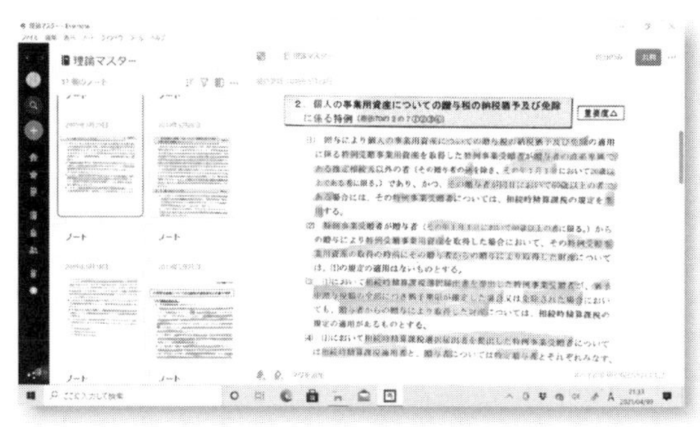

Evernoteで作成した個別理論対策ノート

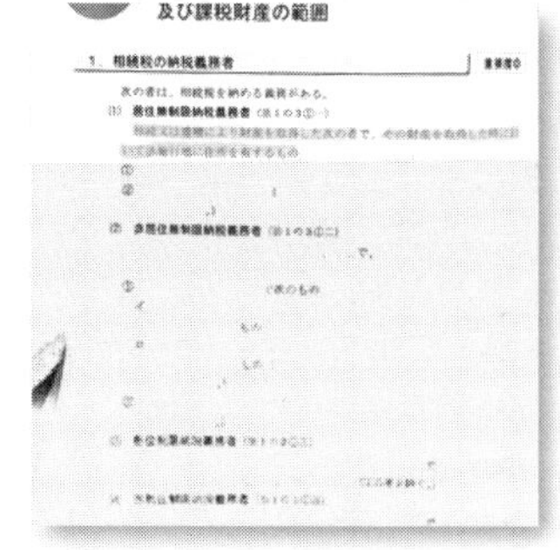

i-暗記シートで作成した個別理論対策用暗記シート

 相続税法の総合理論はどのように暗記した？

A 個別理論対策の時と同様に，タブレットとアプリを使って総合理論用の暗記カードを自作し，柱上げと個別理論のアウトプットを同時に行えるようにしました。

▶1年目の暗記方法

総合理論対策では個別理論対策でも使用したEvernoteと，Everwordというアプリを使用しました。総合理論対策のための書籍といえば『理論ドクター』がありますが，1年目の勉強において『理論ドクター』を使ってみた結果，あまり効果的に使うことができませんでした（理論に充てた勉強時間が短かったこともありますが）。というのも，『理論ドクター』の解答がかなりのページ数になっていたり，似たような問題がいくつも載っていたりして，**真面目に取り組むことができなかった**のです。

本試験で相続税法の総合理論（第一問）にかけられる時間は，せいぜい30分だと思います。**1時間ぐらいかけないと書けないような文章量のものをアウトプットする練習をしたところで，実際の試験問題を解く際に適切な柱上げができないのではないか**と思っていました。

▶2年目はアプリを使って

そこで，2年目の対策として，アプリを使って暗記用の総合理論問題を自作することにしました。Evernoteでノートを作り，Everwordのアプリで同期させて開くと，まず問題（ノートのタイトル）が出てきて，タップすると解答（ノートの本文）に切り替わる，単語カードのようになります。この機能を使い，理論ドクターや過去の理論問題を参考にして，**30分程度**

で解答が書けるように問題文をアレンジしたり，また，**個別理論をできるだけ網羅できるように自分で問題を考えたり**しました。

こちらもクラウドによって，スマホからも見ることができるので，スマホで問題を表示させておいて，その解答をタブレットで打ち込みました。この方法だと，柱上げの確認と個別理論のアウトプットが同時にできるため，理論対策としては非常に有効だったと思っています。

その他にも効果があったと思うのは，問題を自分で作ることを通して，出題者側の立場になって考えることができたということです。理論問題は短い問題文であっても出題者の意図（どういう解答を書いてほしいと思っているのか）が必ず含まれています。

自分だったらどういう問題を出すか，と普段から考えておくことで，解答をする側になった時に，出題者の意図に沿った解答ができるようになるのではないかと思います。

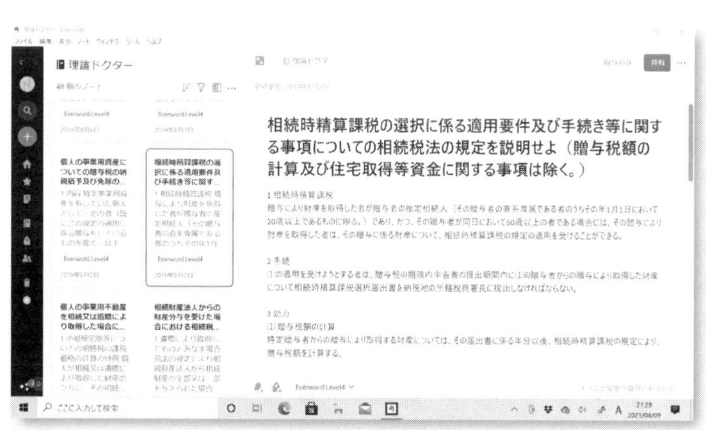

Evernoteを使って作成した総合理論対策ノート

 相続税法の計算問題を解くコツは？

A

個別問題（主に財産評価）を繰り返し解くことで全体の解答時間の短縮は図れます。また，総合問題はいろんなパターンを解いて必要事項の読解と予測ができるようになればミスが減ります。

▶1年目の気づき

私は，相続税法を受験した1年目の本試験の計算問題において，問題文の最初に書かれていた大事な前提（小規模宅地等の特例を配偶者には適用しないこと）を見落とし，また，２割加算の適用者も間違えてしまいました。ただ，これは単純なミスではなく，総合問題の練習不足からくるものであると思っていました。

というのも，相続税法の総合問題は形式としては大体どれも似通っているのですが，その中で，問題を解くための必要事項（小規模に関するもの，贈与，相続放棄などについての情報）がどこに置かれているかによって難易度が異なります。問題文の最後にこっそりと書いてあるなんていうパターンもあったので，問題集を解く際にはよく見落としたものでした。

そもそも初見の総合問題を目標時間内に終わらせることができていない状態で本試験に臨んだので，余裕を持って問題文を読むことができていなかったのです。また，**「このあたりに情報が書いてあるかもしれない」と予測しながら問題文を読むことができるかどうか**で，ミスの頻度が違ってきます。

▶2年目の対策

そこで，２年目の計算対策では，問題を見てすぐに評価方法の計算パターンが頭に浮かぶように，とにかくアウトプットの量をこなすことに注力しました。相続税法の計算問題（総合問題）のメインとなる部分は個別の財産評価問題の寄せ集めです。財産評価問題集を何度も解くだけで，総合問題の解答時間は大分短縮できました。

総合問題もネットスクール，TAC，大原から出版されている問題集はすべて解きました。それらを解く中で，問題文中のどこに重要な情報が書かれているかのパターンを把握していき，そのうちに，**初見の問題を解く際に「ここに情報があるかもしれない」と予測しながら問題文を読むことができる**ようになりました。

ここまでアウトプットを徹底的に行うことで，自信と余裕が生まれ，本試験でも落ち着いて問題を解くことができました。この年（2019年度）の本試験では，問題の難易度がそこまで高くなかったのもありますが，納税額までぴったり合っていて（計算はほぼ満点），自己採点の時には思わず叫んでしまいました。

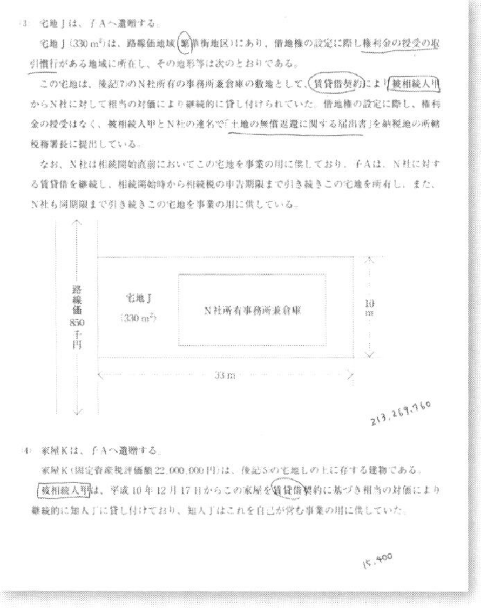
(3)　宅地Ｊは、子Ａへ遺贈する。

宅地Ｊ（330㎡）は、路線価地域（繁華街地区）にあり，借地権の設定に際し権利金の授受の取引慣行がある地域に所在し、その地形等は次のとおりである。

この宅地は、後記7）のＮ社所有の事務所兼倉庫の敷地として、賃貸借契約により被相続人甲からＮ社に対して相当の対価により継続的に貸し付けられていた。借地権の設定に際し、権利金の授受はなく、被相続人甲とＮ社の連名で「土地の無償返還に関する届出書」を納税地の所轄税務署長に提出している。

なお、Ｎ社は相続開始直前においてこの宅地を事業の用に供しており，子Ａは、Ｎ社に対する賃貸借を継続し、相続開始時から相続税の申告期限まで引き続きこの宅地を所有し、また、Ｎ社も同期限まで引き続きこの宅地を事業の用に供している。

(4)　家屋Ｋは、子Ａへ遺贈する。

家屋Ｋ（固定資産税評価額22,000,000円）は、後記5の宅地Ｌの上に存する建物である。

被相続人甲は、平成10年12月17日からこの家屋を賃貸借契約に基づき相当の対価により継続的に知人丁に貸し付けており、知人丁はこれを自己が営む事業の用に供していた。

試験問題への書き込み

Q 計算用紙はどのように使っていた？

A 相続税法の計算問題は問題文が何ページにも及ぶので，親族図や株式に関する重要な情報は計算用紙に書くことにしました。一見面倒ですが，結果として時間短縮とミス軽減につながりました。

▶計算用紙の活用を模索する

２年目の計算対策をしているうちに，**計算用紙をもっと活用すべき**だということに気がつきました。消費税法の際には仮計表の作成などで使っていましたが，相続税法の１年目においては自己採点のためのメモ書き程度にしか使っていませんでした。

というのも，相続税法の総合問題では，最初のページに相続開始日や親族関係図などが書かれているので，財産評価や税額計算をする際に何度もそのページまで戻って確認をする必要があります。また，財産評価のハイライトとなる非上場株式の評価に関する事項だけで３～４ページが費やされていたりもします。ミスを防ぐためにと何度も問題文をめくっていては効率が悪いですし，逆にそのためにミスも多発してしまいがちでした。

▶計算用紙にメモしていたこと

そこで，**これらの必要事項を計算用紙に書き，常に問題文の横に置いておくようにしたところ，その課題が解消された**のです。私が主に計算用紙に書いていたのは，次のような事項です。

・相続開始日

・被相続人の居住地

・親族関係図（法定相続人には○，相続放棄をした者は／，相続放棄によっ

て相続人になった者は△といった具合に印をつけたり，生計が一となる者の範囲を大きく○で囲ったりしました）

・生年月日や障害者，制限納税義務者である旨
・借地権，借家権割合
・非上場株式についての情報（総株式数と取得者ごとの取得株式数，会社の大中小の区分，配当の有無など）

既に問題文に書かれている親族関係図をわざわざ自分の手で書きうつすのは手間かな，と最初は思いました。しかし，法定相続人の判定は慎重にすべきですし，**自分で書くことによって少しの情報であれば記憶することもできる**ので，結局は時間短縮とミス軽減につながるこの方法を本試験まで続けました。

相続税法に限らず，見落としがちな部分や自分が間違いやすいなと思う部分は，単に問題文に印や線をつけるだけでなく，計算用紙を活用して一度手で書いておくというのは対策として有効かと思います。

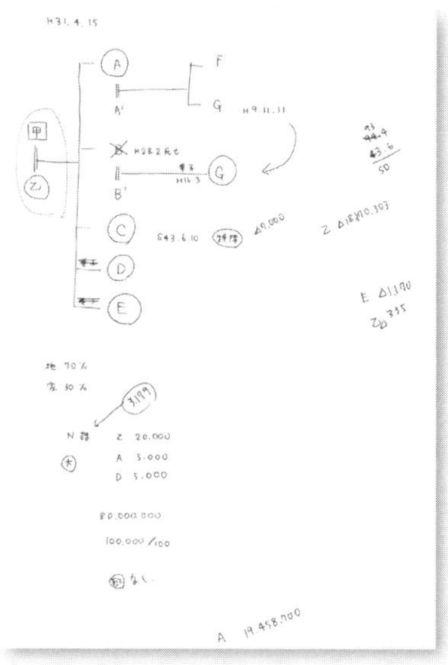

相続税法の計算用紙に書いたメモ

Q「間違いノート」は作った？

A

基本的にはインプット用のまとめノートのみ使用しましたが，間違えがちな事項を一問一答にしたり，覚え辛い数値のみをまとめたページを作ったりしました。

▶基本はインプット用のまとめノートを使う

私はそもそもインプットの際にまとめノートを作っているので，基本的には間違いノートは作らず，まとめノートを最後まで使用しました。ただ，よく間違える問題についてはその原因を考え，必要に応じてまとめノートの加筆修正を行ったり，新たなまとめページを作ったりしました。

ただ，まとめページの改訂では足りず，個別に覚えるしかない事項や，横断的に覚えなければならない事項については，まとめノートとは別に専用のページを作ることとしました。

▶試験前にチェックできるよう最終ページにまとめる

たとえば，消費税法の勉強の時には，売上区分（課税・非課税・免税・不課税の区分や，簡易課税の業種区分）や仕入税額控除の適不適などの確認をするために，間違えた問題を一問一答形式に並べ，まとめノートの最後に書き加えていました。

また，相続税法の財産評価では特定の割合を掛ける計算パターンがよく出てきますが，この割合についてはとにかく覚えるしかないので，割合だけを一覧にまとめたページを作り，やはり最後のページに加えました。

このように，基本はまとめノートを自分の学習に合わせて充実させることでインプットを行い，不安な事項だけは試験前にさっと確認できるよう最低限のページ数におさえておくようにしていました。

▶実際に作っていたノート

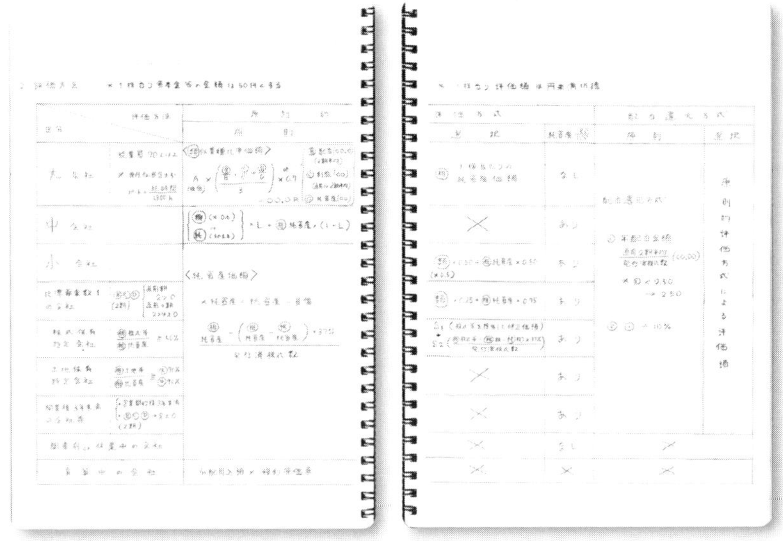

株価評価に係るまとめノート

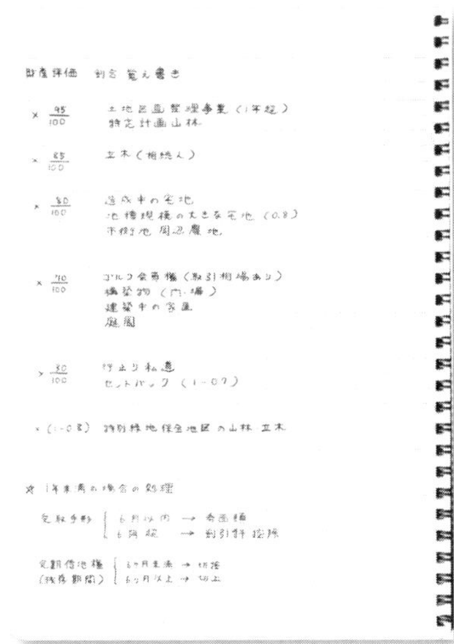

財産評価に係る割合の覚え書き

Q 相続税法の改正点はどのようにフォローした？

A

相続税法の理論では改正点が特に重視される傾向にあります。理論マスターの改訂ページがアップされたら暗記シートをすぐに作り，総合理論の暗記カードも合わせて改訂しました。

相続税法に限らない話なのかもしれませんが，最近の試験では，**主に理論問題において改正点が特に重視されているのではないか**と思われます。相続税法においては事業承継の分野がここ数年で次々と改正され，それに合わせて本試験でも出題されています。2019年度の本試験でもその年に改正されたばかりの「個人の事業用資産についての贈与税の納税猶予及び免除の規定」に関連する問題が出されました。

5月頃になると各出版社から条文の改訂ページがアップされていたので，アップされたらすぐに，それまでの理論暗記と同様に，蛍光マーカーを引いてEvernoteでスキャンし，暗記シート化してスキマ時間を使って暗記し直しました。また，総合理論対策の暗記カードの解答も改訂に合わせて修正し，新しい分野の理論であればその理論に合わせて新しい暗記カードを自作しました。

さらに，『会計人コース』（当時，月刊誌）の「理論予想号」にも，改正を踏まえた各予備校の理論予想問題が載っていたので，その予想問題も暗記カードに取り入れました（必要があればアレンジ等しました）。結果的に，直前期には主に改正理論のインプット，アウトプットに集中して取り組むことになりましたが，**改正前の理論のインプットが一通り完成している2年目だからこそできたことだ**と思っています。

Column

試験時間の配分は？　理論から解いていた？

●自分に合っているスタイル

簿記論や財務諸表論を受験していた時は，ただただ夢中で頭から解いていくということしか考えていませんでしたが，税法科目の試験を受け始めてからは，理論も計算も時間内に解き切ることができなくなり，何も考えずに頭から解いていてはいけない，ということがわかりました。

計算問題を先に解き，余った時間で理論を解くということも試してみましたが，先に計算問題に着手すると，どうしてもミスのないよう慎重に解いてしまいます。そのため，本来は点数を稼げるはずの理論にかける時間が足りなくなってしまうということがありました。そうすると，計算問題にかけるおおよその時間を先に決めておき，そこから逆算した理論の予定時間を目標に理論から先に解く，という方法が自分には一番合っているのではないかと考えました。

●計算は75分，理論は45分

そこで，計算問題に充てる時間は「75分」と決め，理論問題は「45分」ということにしました。というのも，市販の総合計算問題集（応用レベル）を見ると，大体目標時間が「70～80分」に設定されています。80分に設定されている問題は，本試験（過去問や1年目に受けた試験問題）と比べてボリュームが多く，かつ難易度も高い問題であると考え，平均的な本試験問題のボリューム・難易度であれば70分，少し丁寧に解くことを考えて75分が妥当かなと判断しました。

開始後，まず30分ほど理論を書いたところで残りのペースを考え，45分で終わらせられるように書ける理論を書き，計算問題に移ります。計算も70分ほどで埋められそうなところは一通り埋められるようにペースを考え，残りの5分でできればもう一度理論を見直し，書き加えられるところはギリギリまで時間を使います。

あくまでも「理想の時間配分」なので，問題によって臨機応変に変えていかなければならないと思いますが，私が合格した年の試験においては，大体この時間配分で解くことができていたような気がします。

第7章

独学とライフ＆ワーク

 仕事を辞めて受験に専念することは考えなかった？

A

奨学金の返済もありましたし，仕事に就かないと子供を保育園に預けられないので，仕事をすることは大前提でした。

奨学金の返済のため共働き

私は高校・大学と奨学金を借りて通っていたので（特に大学は県外だったということもあり，第一種・第二種と合わせてかなりの金額を借りていました），社会人になったと同時に20年間の借金生活が始まりました。結婚する時には，「生活費は夫に頼っても，奨学金は自分の借金だから自分で稼いだお金で返す」ということは心に決めており，共働きをすることについては結婚前に夫の了解を得ていました。

結婚後，まずは簿記の資格を取得して税理士事務所に就職することができたのですが，予定よりも少し早めに妊娠してしまったため，一旦はその事務所を退職することになりました（勤め始めて間もなかったですし，少人数の事務所で育児休業も取れなかったので）。

出産後しばらくは，とにかく赤ちゃんのお世話に文字通り「専念」です。１日に何度もおむつ替えをして，授乳をし，泣けば抱っこして，夜も何度か起きるためぐっすりと寝られません。もちろん赤ちゃんは可愛いのですが，当時の自分にとっては自分の人生がなくなってしまうような感覚にすらなりました。

育児専念から息抜きのため勉強再開

なんとか赤ちゃんとの生活に慣れてきたころ，何か子育て以外のことをやりたくなって，ふと**「税理士試験の勉強を再開しよう」**と思ったのです。そう，私にとって税理士試験の勉強は，育児の合間の息抜きから始まったのです。

ただ，生後半年ぐらいまではまだ寝てばかりなので昼間もなんとか勉強できましたが，つかまり立ちをし始める頃には徐々に目が離せなくなってきました。そして，「歩き始めたら昼間は公園や児童館に連れて行かないといけなくなって，その合間に勉強する気にはなれないし，かといって昼間子供の相手ばかりだと疲れてしまって夜子供が寝てから勉強する，というのも無理そうだな」と思いました。

仕事をすれば，保育園に預けることができるので，その間は育児から離れられます。（育児をされた方にはご経験があると思いますが，育児というのはトイレ１つ満足に行けないほど，自分の自由が制限されてしまうというストレスがあります。もちろん仕事にも特有のストレスやプレッシャーはありますが，言葉のわかる大人が相手なので，私は仕事をするほうが楽だと感じました）。

退職した事務所から声がかかる

家事・育児・仕事に加えて受験勉強まで四足もの草鞋（わらじ）を履けるかという心配はありました。しかし，このまま仕事をしないとなると，幼稚園に入る年齢（３歳）までは少なくとも24時間子供と一緒でそれこそ勉強どころではなく，奨学金の返済も自分の蓄えでは間に合いません。

第一子１歳の誕生日を目前にして不安に思っていたところ，退職した税理士事務所から「もう一度働いてくれてもいいよ」と声をかけていただき，急いで保育園を探して仕事に復帰することとなったのです。

このように，**「奨学金を返済するためのお金を稼ぐ」**ということと，**「子供を預ける場所を確保する」**という２つの問題を解決する方法として，「仕事をする」ことは必須でした。

Q 働きながらの受験で職場を選ぶ基準は？

A

働く女性にとって，職場が近いというのは他の何より価値のある条件だと思います。出産後の勤務については，子育てに理解があるかどうかで働きやすさが全然違うと思います。

▶満員の通勤電車はストレス

結婚前は大阪市内の法律事務所で勤務していましたが，自宅から職場まで電車＋徒歩で片道50分ほどかかっていました。乗り換えもあり，常に満員状態の地下鉄にも乗らなければいけなかったため，通勤中に何かをするということは一切できず，通勤時間はただただ苦痛でした。

結婚後は，ハードワークの夫と比べると，どうしても家事はほぼ私がすることになります。毎日の家事（晩御飯の準備や後片付け，お風呂の準備，掃除・洗濯など）と仕事との両立を考えると，**通勤時間がかかるところはとにかく嫌**でした。大阪ほどではないものの，愛知でもやはり地下鉄は朝夕には満員状態になります。さらに子供ができた時のことを考えると，送迎のために保育園を経由することも考えなければなりません。

▶車で約10分の近さ

今の事務所には，出産前に未経験で採用していただきました。第一子の妊娠により一度は退職しましたが，再就職し，それから現在に至るまで，ずっと同じ職場で勤務しています。募集を見つけた時は，**場所が近かったことと，未経験でも可であったことに一番魅力**を感じ，後は残業や休日出勤の有無を少し気にしたぐらいです。

車で約10分ととても近いので，産前はもちろんのこと，産後はその有難さをより実感することができました。保育園の送迎は布団や着替えなどで大荷物になってしまいますが，車に載せておけるので気にする必要はありません。また，時短勤務にしてもらったため，16時まで働いてから買い物・お迎えに行っても，17時過ぎには家に帰ることができました。

夜の勉強時間を確保するため20時半には子供たちを寝かせたい私にとって，**通勤に時間がかからないということは何よりの時短ポイント**でした。

▶時短勤務やリモートワークを導入

さらに，産後の勤務については，**時短勤務**ということに加え，突然の欠勤や第二子出産時の産休・育休の取得など，少人数の事務所にもかかわらず，いろいろと迷惑をかけています。しかし，子育て経験があり，家事・育児の両立に理解のある先輩事務員のおかげで，現在も勤務を続けられています。

繁忙期の冬場に子供がインフルエンザになり，１週間出勤できない，なんていうこともありました。そのため，**リモートワークを導入してもらった**ことも働きやすさの要因の１つです。

リモートワークといっても，紙の資料は事務所にあるため，10分で取りに行ける，という距離の近さはここでも有難さを感じました。2020年の春には新型コロナウイルスによる緊急事態宣言で小学校が４か月もの間休校になってしまったので，その間はずっとリモートワークで仕事をしていました。

Q 子育てしながら勉強する気になれる？

A

子育ては「母」としては大事な仕事ですが，しんどいことも多いです。勉強は子育ての息抜きから始まりましたが，「自分」のための大切な時間でもありました。

私にとって税理士試験の勉強は**「子育ての合間の息抜き」**から始まりました。

子育ては「母」となった以上，絶対にやらなければならない仕事です。特に赤ちゃんの頃は１日中お世話に追われて，自分がトイレに行くのすらままならず，24時間365日「母」としての生活です。「自分」の生活を送っているという実感は正直ありませんでした。

そういった気持ちもあり，少し世話が楽になった生後３か月頃から，子育ての息抜きも兼ねて税理士試験の勉強を再開したというのが，私が子育てと勉強を両立することになったきっかけでした。

勉強は子育て中でもできる「自分」のためだけの時間でもありました。子供が生まれてから，その後の自分の人生について真剣に考えたことがありました。子供はそのうち自立してしまうのだから，その時になって自分は社会の役に立てる人間でいられるだろうか，と。

この考えの裏には，「今まで人並み以上に勉強を頑張ってきてそれなりに結果も出してきたのだから，子育ての期間中であってもキャリアアップを諦めたくない」という，一種のプライドのような，焦りのようなものもあったかと思います。

要するに自分はとことん欲張りであったという話なのですが，実際に，**勉強という「自分のための時間」を持つことで子育ても頑張ることができましたし**，**両方を諦めなかった結果として今の自分がある**ので，頑張ってきて本当によかったと思っています。

Q 独学で受験勉強にかかったお金は？

A 市販のテキストと問題集の購入代金として，１年あたり３～４万円を使いました。あとは理論暗記に使用したアプリにも多少お金がかかっています。

受験した科目によって購入した書籍は多少違いますが，テキストや問題集は次のように揃えていきました。

・すべての科目で購入していたもの

ネットスクールのテキストと問題集（基礎導入編・基礎完成編・応用編）

・簿記論，財務諸表論で購入していたもの

重要会計基準，理論問題集，過去問題集

・税法科目で購入していたもの

理論マスター，理論ドクター，個別問題集，理論問題集（法人税法），財産評価問題集（相続税法），総合問題集（基礎・応用），過去問題集，理論予想号（『会計人コース』（当時，月刊誌））

このように，10冊以上は毎年購入していたので，平均１冊3,000円として**１年あたり３～４万円は書籍代として使っていた**と思います。税法は毎年改正があるので，再勉強する際には同じ問題集でもすべて新しいものを購入し直しました。なお，２年目の勉強においては基本的にテキストの購入はせず，問題集のみを１年目よりも多めに購入していました（１年目はTACか大原のどちらかだったものを，両方揃えるなど）。

他に勉強のために使った費用といえば，理論暗記のために使用したアプリ（Evernoteやi-暗記シート）の月額費用・購入費用としての数百円～数千円や，カフェで勉強した際のコーヒー代ぐらいです。「独学」「家勉」は予備校を利用した場合と比べると，本当にお金をかけずにできる勉強方法といえると思います。

Q 試験の直前はどのように過ごしていた？

A

試験休みといったものは取らなかったので，試験前も勉強時間は通常と一切変わらなかったです。難しい論点よりも「必ず解ける問題を１問でも増やす」ことに注力しました。

取得しなかった試験休み

税理士業界では勤務している受験生が「試験休み」を取ることがあると聞きますが，私は取りませんでした。時短勤務で残業もないため毎日の帰宅時間は変わりませんし，子供の熱などでいつ休むことになるかわからなかったので，**収入の確保のためにも，自分の用事での休みは試験当日以外にはできる限り取らないように**していました。

ですので，試験前だからといって勉強時間が大幅に増えるといったことはありませんでした。いつも通り，夕方以降は子供の世話をし，子供が寝た後に（早起きできた時は朝も）勉強をする。直前だからといって**生活を変えないことで，余計なプレッシャーを感じるようなことがなかった**のはよかったです。

直前期は特に「基本」を重視

勉強内容については，**直前期は特に「基本」を重要視**しました。合格できなかった年は試験直前までインプットに追われてしまっていましたが，合格した年は６月頃には総合問題まで一通りアウトプットを終えることができていました。

７月に入ったら予想問題集を解くことを予定していましたが，それ以上に重視したのは**基本的な「個別問題」「個別理論」を再度解くこと**です。

この時期になるとどうしても難しい論点に注力しがちですが，重要なのは**「100％解ける問題をどれだけ増やすか」**だと思います。

難しい論点は復習にも時間がかかりますし，いざ本試験に出たとしても，緊張や問題の難易度によって必ず解けるとも限りません。それよりも，**「あまり集中していない状況でも（それこそテレビを見ながらでも）必ず解ける」問題を1問でも増やす**ほうが，直前の過ごし方としてはよいと思います。

さらにいうと，この時期に基本の問題を解くことは，自分に自信をつけるという意味もあります。本試験のような緊張する場面において**「自信」は何よりの武器**になります。直前期はたくさん解答用紙に○をつけて，「解ける！」「できる！」と自分をとことん褒め，自信をつけましょう。

 受験生の時にブログを始めたきっかけは？

A

税理士試験を独学で受けている人の情報が本当になかったので，「それなら私が，と独学の受験について発信していこう」と思ったことがきっかけです。受験仲間を作りたかったのも理由の１つです。

▶情報がなくて諦める人がいたら悔しい

私は2016年（第二子を出産し，１回目の消費税法を受験した年）の秋頃から税理士試験についてブログを書いています。もともとインターネットはよく利用していたので，独学での税理士試験受験についても受験を始める前から何度も検索をしてきました。

ところが（当然，というべきなのかもしれませんが），出てくるのは「独学では無理」「予備校に行くべき」という情報ばかりで，独学の体験談も簿記論・財務諸表論の科目合格のものを除くとほぼ出てきません。

ここまで独学に否定的な風潮を感じてしまうと，それに反発したくなるのが私の性格でして…。たとえば，税理士試験を受けたいと思う人が，お金がないとか，地方にいるなどの理由で予備校に通えないとなった時に，それだけで受験を諦めてしまっていたとしたら，すごく悔しいじゃないですか。**「独学でも税理士試験を受験している人間がいる」ということを自分が発信する**ことで，この「予備校大前提論」に多少なりとも違う風を吹き込めるのではないか，と思いました。

ちょうど消費税法の受験後であり，２年目の法人税法に着手したところで多少は心の余裕があったことに加えて，「独学で合格」ということを匿名のブログで発信するには，合格した後で書いてもリアリティがないと思ったので，現在進行形で勉強している科目の記録も兼ねてブログを始めることにしました。

▶受験生とのつながり

ブログを始めたもう１つの理由としては**「税理士試験受験生とつながりたい」**と思ったことです。税理士試験について検索した時に，女性や子育て中のママの受験生が書いているブログがたくさん出てきたことに非常に驚きました。

それまで男性が受験生の大多数を占めていると思っていたので，同性・同世代の受験生がたくさんいるということを知って，**直接会ったりはできなくても，ブログを通してなら気軽につながれるのではないか**と思いました。

なお，ここだけの話ですが，消費税法は１年目で合格できそうだと思っていたので，ブログを始めてすぐに「税法合格」を発信できるつもりだったのですが，その年は残念ながら不合格となり，ある意味リアルな受験記録を発信することとなってしまいました。

Q ブログを始めてよかったことは？

A

他の受験生が毎日勉強している様子がよくわかるので，負けじと机に向かうモチベーションになりました。顔の見えない距離感も意識しすぎることなくよかったと思います。

私はブログを書くよりも読む頻度のほうが高かったのですが，フォローしている他の受験生のブログを読んでいると，１日も欠かさずに勉強していたり，子育てをしながら１日何時間も勉強していたりと，合格に向けて本当に努力しているのが文章から伝わってきました。

本試験以外で他の受験生と会う機会がなく，それまでマイペースに勉強してきた私はよい意味で焦りを覚えました。「今日は疲れたなぁ」「寝てしまおうかなぁ」という日も，**「皆も頑張っているのだから，１問だけでも解いてから寝よう」「録音した理論を聴くだけでもしよう」と思いとどまり，机に向かうことができました**。

予備校に行っていれば実際に受験仲間と頻繁に会うことになるので，同じ効果が得られるのかもしれませんが，私にとっては，ブログという**「顔の見えない距離」であることがちょうどよかった**と思っています。というのも，仮に間近に努力家で成績のよいライバルがいたら，意識しすぎて自分のペースが崩れてしまっていたでしょう。先の見えない税理士試験においては自分で自分を鼓舞し続けることが何よりも重要で，自信を失ったり，劣等感を感じたりしてしまうことは絶対に避けるべきです。

「どこかに自分より頑張っている人がいる」という程度に意識することによって，負けず嫌いを適度に刺激することができたので，ブログを書くことを通してとてもよい効果が得られたのではないかと思います。

Q モチベーションの維持や息抜きの方法は？

A

「受かりたい」という意思と，自信だけは失わないようにしていました。疲れた時は甘いものを食べたりブログを読んだりしていました。

私にとっての受験勉強は，子育てから離れて**自分がやりたいことをやるための大事な時間なので，続けることはあまり苦ではありませんでした**。そこには「受かりたい」という前向きな気持ちがあるのみです。一言で「受かりたい」といっても，負けず嫌い精神からきていたり，プライドからきていたり，将来への野望からきていたり，その背景はさまざまですが，頑張る理由になるのであれば何だってよいと思います。

また，「本当に合格できるのだろうか，無謀なのではないか」などと考えてしまうと気持ちが後ろ向きになってしまうので，**１問正解できた自分，理論を１つ覚えられた自分，難しい論点を図式にまとめられた自分を常に褒め，自信だけは失わないようにしていました**（振り返ると，ブログでも「今日は頑張った！」とよく書いていました）。不合格だった年も，「子育てと仕事とを両立しながら，１年目で，しかも独学で，A判定が取れたんだからすごい！」とまずは自分を褒めて，それから不合格の原因を考えるようにしていました。

また，私は甘いものが大好きで，昔から勉強する時には甘いものをよく食べていました。疲れた時に休憩がてら甘いものを食べると脳が生き返る感じがして，その後にはまた集中することができました。ブログを読んだり書いたりするのもよい息抜きになりますし，**「こんな息抜きが許されるのも勉強を頑張っているから！」**とお気楽に考えていました。

Q 受験をやめようと思ったことはある？

A

不思議とそれは一度も考えたことはありません。受かるまで続けるという気もなく，落ちても特に失うものはないと気楽に考えるようにしていました。

私は他の合格者と比べると勉強に充てる時間が圧倒的に短いという自信がありますが，それでも振り返って考えると，子育てや仕事をしながらよく７年間も続けられたなぁと自画自賛する程度には頑張って勉強しました。

当然ながら，時には「こんなに早起きしてまでなんで勉強しているんだろう」とか，「このまま合格できなかったらどうしよう」などと考えてしまうこともありました。

でも，それを理由に受験をやめようとは考えませんでした。**受かる見込みがあるかどうかは最初の数年の結果でわかるだろう**し，それを踏まえて**「税理士を諦める条件」は考えた上で受験を始めています**。すでに書きましたが，私は「最初の簿記論を２年以内に合格する」ことと，「35歳まで（７年以内）に４科目合格すること」を，受験を続ける条件として自分に課していました。何年かかろうと，合格するまで続けるという意思はもともとなかったのです。

また，私が税理士になれなかったところで，家族としては何も困ることはありません。税理士でなくても，この仕事は好きですし，自分に向いていると思ったので，補助として続けていく選択肢もあります。もし，それがしんどくなればその時はまた別の職業を探せばよいと思っていました。

このように，**自分に過剰にプレッシャーを与える要因がなかったので，純粋に「自分のためだけ」に勉強を続けることができた**のです。

Q 税理士になる前となった後で仕事内容や責任は変わった?

A

まだ登録して1年なので，補助としての仕事を続けていますが，依頼者の前での自分の発言には責任が伴うことを実感しています。また，相続案件を任せてもらえるようになりました。

私の勤め先は元々個人事務所でしたが，数年前に所長とパートナー税理士とで税理士法人化しました。そして，私は2020年4月に所属税理士として登録しました。

税理士法人化といっても，実態としては個人事務所の頃とほぼ変わりません。当時から税理士補助として担当を持って決算業務等をしていたので，登録後も基本的には同じ仕事を続けています。しかし，**打ち合わせ等で依頼者の前に出る際には，自分の発言は「税理士」のものとして受け取られるということを強く意識する**ようになりました。

税理士試験を突破するには「正解」を出すことが何よりも重要でした。依頼者もすぐに「正解」を求めてきますが，実務においてより重要なのは「根拠」です。**常に「根拠」を意識して，それをわかりやすく依頼者に伝えることが，税理士という専門家・法律家としての役目である**と考えて仕事をするようになりました。

また，相続税法の勉強を始めて以降，相続案件を担当することが増えました。税理士を目指したきっかけであり，税理士となった際にはぜひともやりたいと思っていた目標だったので，それが実現するようになって非常に嬉しいです。ゆくゆくは**「地域の頼れるママ税理士」**になるべく，これからも自分にできる範囲で楽しく仕事を続けられたら何よりです。

第 8 章

税理士試験を振り返って

Q「独学・家勉」に向き・不向きはある？

A

向き・不向きがあるとは全く思いません。「予備校に行かないと勉強できない」とか「家だと集中できない」という思い込みは不要です。最終的には自分で理解しないと試験には受かりません。

▶受験勉強の目的は「点を取る」こと

「独学なんて自分にはできないよ」「家でよく勉強できたね」などと（税理士試験に限らず）よく言われるのですが，独学とか家勉というものは，私としては全く特別なことだと考えていません。

金銭的な事情や地域的な事情により最初はそうせざるを得なかったわけですが，結果的に自分にとって最も効率のよい方法が，「独学」・「家勉」だと判断したので，今までずっとその方法でやってきただけなのです。

そもそも，（少なくとも大学受験や税理士試験に関しては）**「点を取る」ことが勉強の目的**であって，そこに至るための「解き方を理解して（インプット）」「実際の問題を解けるようにする（アウトプット）」という，たった２つの力は，**最終的には自分自身の努力で習得していかなければならないもの**です。

そして，市販のテキスト・問題集に載っている解説や，インターネット上の情報によって，その力の習得が十分可能であることは，私が官報合格したことで証明することができました。

▶積み重ねられた試験研究のおかげ

とはいえ，**私が利用したテキスト・問題集が各予備校により作成されたものであり，それが膨大な量の試験研究の積み重ねによるものだ**ということからしても，予備校を真っ向から否定するつもりは毛頭ありません。

ただ1つ言えることは，「予備校の講義を聴いていれば大丈夫」とか，「受からないのは予備校が悪い・講師が悪いせいだ」などという考え方をしていては，いつまで経っても試験に受かることはないだろう，ということです。

試験の必勝法や，出題予想も大事かもしれませんが，**各論点についての基礎の理解が大前提であり，理解さえあれば応用問題への対応も十分可能である**はずです。

合格者は皆，独学をしている！

また，家勉に関しても，コロナ禍においては家で勉強せざるを得なかった方もたくさんいらっしゃったかと思います。「やらざるを得ない」状況であれば人は必ずそれに順応できます。

家で集中できない，というのは，裏を返せば家の他に集中できる場所があるということで，それはそれでよいと思います。しかし，それが思い込みになって，家で勉強できるチャンスを逃しているのであれば，とても損しているなぁと思います（家なら，家族が起きる前や出勤前，家族が寝た後など，30分あれば，着替えナシ・移動ナシで勉強できるのに！）。

通学・通信・独学と，過程は人それぞれですが，**最終的には合格者全員が「自力で理解している」ということは断言できます**し，そういう意味では，**皆が独学をしているといえる**のではないでしょうか。

Q 7年の受験生活は長かった？　短かった？

A

税法で1つぐらいは一発合格したかったなぁ，というのが本音です。あと，上の子が小学校に入ってからの受験生活が辛かったので，個人的にはあと1年早く受かっていればよかったなぁと思っています。

▶平均的な受験年数

振り返ると，簿記論・財務諸表論をそれぞれ1年ずつ，法人税法と消費税法の同時合格まで3年，相続税法合格まで2年の，**官報合格まで合計7年**という期間は受験生全体（独学かそうでないかは関係なく）の中では短くも長くもない，**おそらく「平均的」な期間**ではないでしょうか。自分でもそう感じていますし，独学で，しかも選択科目から考えるとよく頑張ったと思います。

欲をいえば，税法で1つぐらいは一発合格したかったなぁという気持ちもあるにはあります。しかし，それも今思うと，勉強時間が足りず2年かけてようやく理解できた論点も多いですし，**1年で合格した簿記論・財務諸表論の記憶が全くないことに比べると，実務に直接関係する税法を納得いくまで勉強できたことは，むしろ一発で合格できなくてよかった**とも思っています。

▶必死だった4か月

ただ，せめてあと1年早く合格できていればよかったと思うのは，上の子が小学校に入ってから最後の試験までの4か月間の生活が本当に大変だったからです。それまでは2人とも保育園だったため，毎日給食が出ますし親の参加する行事も少なく，仕事をする身としては非常によい環境でした。

しかし，上の子が卒園して４月に入った途端，お弁当作りや学童・保育園の２か所への送迎，さらに学校が始まってからは学校からやってくる大量のプリントの整理やお手紙の返事，持ち物の管理など，学校生活に親も子も慣れるのに精一杯でした。

そんな中，勉強では直前期のため計算・理論ともに合格レベルを目指しつつ改正点のインプットもしなければならないという状況です。４月から８月までのたった４か月強ではありましたが，本当にしんどい毎日でした。

最終的には**「こんな生活をあと１年たりとも続けたくない！」**という一心で最後まで必死で勉強時間を確保し，その年に官報合格を果たすことができたわけですが，あと１年早く合格できていれば，ということはどうしても考えてしまいました。

努力が大事な財産になる

早く資格を取ることも大事ですが，やはり責任の伴う資格ですし，取れた後も勉強なしには続けられない仕事です。やみくもに早く早く，と気負う必要はないと思います。

資格取得までに自分がどれだけ努力できたか，ということは後々自分を支えてくれる大事な財産になると思うので，その点では自分の受験生活に概ね満足しています。

 受験科目以外の税法はどのように勉強した？

A

確定申告業務のためには所得税法の学習は必須なので，全国経理教育協会の主催している所得税法能力検定をやはり独学で受験しました。税理士試験と比べると易しい試験ですが，所得税の計算が一通り理解できました。

実務で絶対に必要な税法

税理士実務のために絶対に必要な税法は，と問われると，法人税法・所得税法・消費税法の３つが挙げられるのではないでしょうか。私は相続の実務がやりたかったので私的には相続税法は必須でしたが，相続税の申告は事務所の方針でやる・やらないがあるので絶対に必要とはいえないと思います。

その中で，私が試験科目として選択しなかったのは**所得税法**です。法人税法の知識でもカバーできるところは多いですが（事業所得の分野など），やはり知っておかないと確定申告の業務の際には非常に困る科目です。

ただ，私が独学でも勉強を続けていられる理由は「問題に正解したい」「テストで100点を取りたい」「試験に合格したい」といったわかりやすい目標があるからであって，逆に，「テスト」や「試験」がないと勉強に対するモチベーションが上がらないという困ったところがあります。

実際に，１年目の相続税法の試験を終えてから合格発表までの間に，TACや資格の大原の所得税法の問題集を買ってやってみたのですが，テキストもないためさっぱりわからず，合格発表（不合格）後は相続税法の勉強を再開したため，そのままほったらかしにしてしまいました。

目標を見つけて挑戦する

２年目の相続税法の試験を終えて再度所得税法にチャレンジする際に，「税理士試験以外に所得税法の試験がないか」と探してみたところ，ブログで「所得税法能力検定試験」（簿記検定でおなじみの全国経理教育協会主催）のことを知りました。

公式のテキスト・問題集もあったので，早速購入して勉強にとりかかりました。やはり「試験」を目標に据えるとやる気も違うもので，税理士試験ほどの勉強時間はさすがに取れませんでしたが，１級に一発で合格することができました。

措置法の特例や細かい論点までは問われないため税理士試験ほどのレベルの学習はできませんが，一通り所得税法の仕組みを理解し，簡単な申告書を手計算で作成できるようになったので，確定申告時期も恐れずに迎えることができるようになりました。

所得税法の学習に使っていたテキスト

Q 官報合格した今，やっぱり独学で挑戦してよかった？

A

独学・家勉をしていなければ，仕事や子育てをしながら税理士試験に合格することはできなかったと思います。一生勉強し続けていかないといけない職業ですから，この経験を今後の勉強につなげたいです。

▶独学・家勉だからこそ

振り返ると，自己流で始めて，無我夢中で続けていたら合格していた，というだけなので，それが本当によかったのかどうかは正直なところわかりません。

条文の制定背景や，実務との関わりなど，予備校の講義でないと聞けないような話もたくさんあったでしょうから，そういった知識も得たかったなぁという思いもあります。しかし，実際のところ，**限られた時間の中でペースを自由に調整しながら勉強できたのは，独学・家勉だからこそ**だと思うので，独学をしていなければ，子供が小さい間に官報合格まで至ることはできなかったと思います。

▶常にアップデートが必要

税理士になった今，依頼者の前で「その科目は勉強していないのでわかりません」とは言えませんし，合格した科目であってもびっくりする勢いで忘れていきます。この仕事を続ける限りは，勉強した知識は忘れないよう維持し，法改正があればそれをアップデートしていき，さらに税法以外でも仕事に役立つ知識（経営についてだとか，資金繰りについてだとか）は積極的に得ていくようにしていかなければなりません。改正点のインプットの仕方についてはまだまだ検討の余地あり，といったところですが，税法以外の知識についてはFPや中小企業診断士といった資格試験を受けてみたいなぁ，とも考えています（「試験合格」という目標があると頑張れる私なので）。

税理士試験の勉強を７年間続けられたことは間違いなく自分の経験値となっているので，それを今後の勉強にも活かしていくべく，マイペースに楽しくやっていきたいと思っています。

あとがき

2020年４月に税理士登録が完了し，それから１年以上が経ちました。試験を受けている間の７年間を思い返すと，いろいろなことがありましたが，家庭と仕事と勉強と，どれもあったから頑張れましたし，逆にどれもあったからこそある程度力を抜きながらやってこられたと思います。

子供の頃は学校に行って勉強をするのが当たり前でしたが，大人になると勉強をするのに「理由」が必要になります。ほとんどの大人が「自分は勉強が嫌い」と言いますが，私も本来は漫画とゲームが大好きで，休みの日はごろごろしていたい，ぐうたらな人間です。

では，勉強をするのに必要なものとは何でしょうか？　記憶力でしょうか，それとも理解力や応用力といった特別な力でしょうか。私はどれも違うと思います。これだけあればよいといえるもの，それは好奇心です。

「資格を取りたい」という気持ちはその分野の学習に足を踏み入れるきっかけとなるものですが，そもそもその分野について「知りたい」「知ることは面白い」と思えなければ，勉強を完遂することはできないでしょう。また，その仕事を一生続けていくのも辛いのではないでしょうか。

好奇心が何よりの原動力となるのは，カタカナも読めない５歳の長男が，ポケモンのキャラクターや技の名前を次々と覚えていくのを見て日々実感していることです。

また，これは，「楽しいと思えないならやめればよい」という私の考えにも通じることです。学校，特に義務教育における勉強はやめたくても簡単にはやめられませんが，それは義務教育で学ぶことが大人になって自立した生活を送るために最低限必要なことだからといえるでしょう。

でも，大人になってからの勉強は，たとえば「お金のため」「世の役に立つため」といった目的があっても，それを達成するための道は１つではありません。自分に合わないと感じているのに無理に続けるのは，大事な人生の一定期間を無駄にしてしまう可能性すらあります。

いつまで続くか，続けても受かるかどうかわからない税理士試験は確かにしんどいことも多いですが，どうせやるなら楽しまないと損！　です。

この本のメインテーマは「独学」「家勉」ですが，それだけではなく，私の勉強への思い，資格試験に対する考え方，税理士試験における反省点や経験値のすべてを詰め込みました。

何か１つでも，読んでいただいた方の心に残るものがあればこれ以上ない幸せです。私も好奇心を忘れず，新たな学びを続けていきます。一緒に頑張りましょう！

税理士
西﨑恵理

【著者紹介】

西﨑　恵理（にしざき　えり）

税理士。1984年生まれ。
愛媛県の公立高校を卒業後，大阪大学法学部へ入学。在学中のインターンシップが縁で大阪市内の法律事務所へパラリーガルとして就職。その後，結婚を機に退職，愛知県へ転居。日商簿記３級・２級を受験し，税理士事務所へ未経験で就職するも，第一子を妊娠したため退職。2012年長女出産，復職後の2016年に長男出産。現在は所属税理士として税理士法人勤務。
税理士試験の受験歴は以下の通り。
2013年度簿記論受験（合格）
2014年度財務諸表論受験（合格）
2015年度法人税法受験（A判定不合格）
2016年度消費税法受験（A判定不合格）
2017年度法人税法・消費税法受験（ともに合格）
2018年度相続税法受験（50点不合格）
2019年度相続税法受験（官報合格）

税理士試験「独学×家勉」で合格する方法Q&A

2021年９月10日　第１版第１刷発行

著　者　西　﨑　恵　理
発行者　山　本　継
発行所　㈱中央経済社
発売元　㈱中央経済グループパブリッシング

〒101-0051　東京都千代田区神田神保町1-31-2
電話　03（3293）3371（編集代表）
03（3293）3381（営業代表）
https://www.chuokeizai.co.jp
印刷／文唱堂印刷㈱
製本／㈲井上製本所

ISBN978-4-502-39401-0 C2034